ASSISTÊNCIA JUDICIÁRIA
NO DIREITO BRASILEIRO

G433a   Giannakos, Angelo Maraninchi
	Assistência judiciária no direito brasileiro / Angelo Maraninchi Giannakos. – Porto Alegre: Livraria do Advogado Editora, 2008.
	142 p.; 23 cm.
	ISBN 978-85-7348-527-1

	1. Assistência judiciária. 2. Acesso à justiça. 3. Defensoria pública. I. Título.

CDU – 341.921.8

Índices para o catálogo sistemático:
Assistência judiciária
Acesso à justiça
Defensoria pública

(Bibliotecária responsável: Marta Roberto, CRB-10/652)

Angelo Maraninchi Giannakos

ASSISTÊNCIA JUDICIÁRIA NO DIREITO BRASILEIRO

livraria
DO ADVOGADO
editora

Porto Alegre, 2008

© Angelo Maraninchi Giannakos, 2008

Capa, projeto gráfico e diagramação
Livraria do Advogado Editora

Revisão
Rosane Marques Borba

Direitos desta edição reservados por
Livraria do Advogado Editora Ltda.
Rua Riachuelo, 1338
90010-273 Porto Alegre RS
Fone/fax: 0800-51-7522
editora@livrariadoadvogado.com.br
www.doadvogado.com.br

Impresso no Brasil / Printed in Brazil

Dedico este trabalho à
Isabela e aos meus filhos Demétrio e Gregório.

Agradecimentos

À Defensoria Pública do Estado do Rio Grande do Sul, instituição essencial à função jurisdicional do Estado, e à Associação dos Defensores Públicos do Estado do Rio Grande do Sul – ADPERGS, suas Administrações, integrantes e amigos.

À Faculdade de Direito da Pontifícia Universidade Católica do Rio Grande do Sul, sua Direção e quadro de professores, pelas oportunidades de crescimento.

Ao Poder Judiciário do Estado do Rio Grande do Sul, destaque nacional em integridade e qualificação de seus magistrados.

Ao professor e Desembargador Araken de Assis, pela amizade, confiança e orientação na realização deste trabalho.

Prefácio

A Constituição de 1988 criou ambiente particularmente propício ao controle judiciário. A ampliação do acesso à Justiça transformou-se, por via de conseqüência, num autêntico imperativo do programa constitucional. É meio indispensável para realizar e aprimorar a justiça social. A esta altura, o fenômeno mostra-se bem perceptível: necessitados e excluídos, por razões heterogêneas, mas reais e concretas, progressivamente deixaram de lado os rebuços, passando a pleitear em juízo os direitos fundamentais consagrados na Carta Política. O fornecimento gratuito de medicamentos e a obtenção de procedimentos cirúrgicos complexos com a devida brevidade, que é um assunto atualíssimo e preocupação grave dos governantes, bem exemplificam o que se pode ou não obter na via judiciária.

Um dos canais mais relevantes para deduzir reside na assistência jurídica integral prestada como serviço público. A organização da Defensoria Pública no Brasil, encorpada no final do Século XX, implicou a troca do obsoleto modelo do Século XVIII, que incumbia à advocacia privada, como dever honorífico, o patrocínio gratuito dos necessitados. Essa evolução recebeu recensões argutas e completas, a exemplo da escrita por Vittorio Denti (L'Evoluzione del *legal aid* nel modo contemporâneo, p. 133-159. *Un progetto per la giustizia civile*. Bolonha: Il Mulino, 1982).

Entre nós, o trabalho brilhantemente defendido por Angelo Maraninchi Giannakos constitui verdadeiro marco na explicação do estágio atual do direito brasileiro. Ninguém melhor para fazê-lo. Na sua origem, Angelo deu os primeiros passos profissionais, na época precedente à Constituição, na própria Defensoria Pública. Então, revelou-se advogado sensível e de atuação muito destacada. O seu prestígio assegurou-lhe o acesso ao Tribunal de Justiça do Estado do Rio Grande do Sul, em vaga reservada ao quinto constitucional, figurando o Desembargador Angelo, hoje, como um dos seus mais insignes integrantes. E o extraordinário reconhecimento implicado nesse ingresso no Tribunal, ainda bem moço, estendeu-se à Defensoria Pública do Estado do Rio Grande do Sul, justa homenagem à prestigiosa e incipiente instituição.

Por conseguinte, o atilado exame aqui empreendido quanto à assistência judiciária revela-se extremamente útil na vida prática. É livro que não se pode olvidar ou afastar sem prejuízo ao próprio exercício da profissão jurídica.

Araken de Assis
Desembargador do TJRS,
Professor Titular de Direito Processual Civil na PUCRS
e Doutor em Direito

Sumário

Introdução 13
1. Acesso à justiça. Conceito e modelos da assistência judiciária 15
   1.1. Acesso à justiça 15
   1.2. Conceito e modelos de assistência judiciária: honorífica, apoio judiciário e assistência estatal 20
   1.3. Assistência judiciária 24
   1.4. Gratuidade de justiça 27
      1.4.1. Das pessoas físicas 27
      1.4.2. Das pessoas jurídicas 38
   1.5. Assistência jurídica 42
2. Assistência judiciária no direito comparado 47
   2.1. Alemanha 47
   2.2. França 51
      2.2.1. Do acesso ao auxílio jurisdicional 52
      2.2.2. Do acesso ao direito 55
   2.3. Grécia 58
   2.4. Itália 63
   2.5. Portugal 66
3. Das ordenações à Defensoria Pública 73
   3.1. Período colonial 73
   3.2. Período imperial 74
   3.3. Período da primeira república 76
      3.3.1. Código de Processo Civil de Pernambuco 76
      3.3.2. Código de Processo Civil de São Paulo 77
      3.3.3. Código de Processo Civil de Minas Gerais 80
      3.3.4. Código de Processo Civil do Distrito Federal 80
   3.4. Período do Código de Processo Civil Nacional (1939) 82

3.5. Lei nº 1.060/50 93
3.6. Previsão e princípios constitucionais 97
    3.6.1. Previsão constitucional da assistência judiciária 97
    3.6.2. Princípios constitucionais 103
        3.6.2.1. Princípio da igualdade 104
        3.6.2.2. Princípio da legalidade 108
        3.6.2.3. Princípio da inafastabilidade do controle judicial 110
3.7. Defensoria Pública 112
    3.7.1. Defensoria Pública da União 114
    3.7.2. Defensoria Pública dos Estados 115
        3.7.2.1. Defensoria Pública do Estado de São Paulo 116
        3.7.2.2. Defensoria Pública do Estado do Rio de Janeiro 118
        3.7.2.3. Defensoria Pública do Estado do Rio Grande do Sul 118

4. Benefícios da gratuidade de justiça 121
4.1. Das taxas judiciárias 122
4.2. Dos emolumentos e custas 123
4.3. Da publicação de editais 124
4.4. Das indenizações devidas às testemunhas 124
4.5. Dos honorários advocatícios 125
4.6. Dos honorários periciais 126
4.7. Da caução para ação rescisória 127
4.8. Da despesa com cópias do processo 128

Conclusão 131

Referências 137

Introdução

O presente trabalho trata da evolução da Assistência Judiciária no Brasil e seus aspectos na atualidade e destinado aos operadores do Direito e, em especial, aos defensores públicos pelo seu incessante trabalho de atendimento e defesa dos interesses e direitos dos hipossuficientes.

No Capítulo 1, examinam-se as dificuldades do acesso à Justiça, além do conceito e modelos de Assistência Judiciária. Também apresenta-se a distinção entre Assistência Judiciária, Gratuidade de Justiça e Assistência Jurídica, que muitas vezes são, por equívoco, tratadas como sinônimos.

No Capítulo 2, examina-se a Assistência Judiciária nos sistemas jurídicos contemporâneos, destacando-se a análise da legislação existente em Alemanha, França, Grécia, Itália e Portugal.

O Capítulo 3 é dedicado ao estudo do instituto no Brasil, sua evolução desde o período colonial, passando pelo período imperial, pela primeira República e considerando o período a partir do Código de Processo Civil de 1939, que unificou os códigos existentes nos Estados da Federação.

Também são analisados a Lei nº 1.060/50, as previsões constitucionais, desde a Constituição do Império do Brasil, de 25.3.1824, até a Constituição de 5.10.1988, os princípios constitucionais e a Lei Complementar nº 80, de 12.1.1994, que regulamenta a Defensoria Pública da União, do Distrito Federal e dos Territórios e prescreve normas gerais para sua organização nos Estados.

No Capítulo 4, são apresentados os efeitos e benefícios da concessão da gratuidade de justiça àqueles que não têm condições financeiras para arcar com as custas processuais e honorários advocatícios.

Por fim, na conclusão deste trabalho, faz-se uma análise sucinta dos sistemas adotados pelos países acima indicados, bem como são apresentadas sugestões para atualização da Lei nº 1.060/50, em virtude da atual realidade social em nosso país.

1 Acesso à justiça.
Conceito e modelos da assistência judiciária

1.1. ACESSO À JUSTIÇA

Afastar a pobreza, no sentido legal – a incapacidade que muitas pessoas têm de utilizar plenamente a justiça e suas instituições – não era preocupação do Estado,[1] e a justiça, assim como outros bens, só poderia ser obtida por aqueles que pudessem enfrentar seus custos, pois aqueles que não tinham como fazê-lo eram deixados literalmente à própria sorte. Assim, o acesso formal, mas não efetivo à Justiça, correspondia à igualdade, apenas formal, mas não efetiva.

Os estudiosos do direito, como o próprio sistema judiciário, encontravam-se afastados das preocupações reais da maioria da população, e o acesso à justiça, mesmo sendo aceito crescentemente como um direito social básico nas modernas sociedades, ainda não era relevante. O conceito de efetividade é vago, e a efetividade perfeita poderia ser expressa como a completa "igualdade de armas", a garantia de que a conclusão final depende apenas dos méritos jurídicos relativos das partes antagônicas, sem relação com diferenças que sejam estranhas ao Direito e que, no entanto, afetam a afirmação e reivindicação dos direitos. Mas seria utópica essa imaginada igualdade perfeita, pois não podem ser erradicadas as diferenças entre as partes.[2] Todavia, o acesso à justiça é o mais importante dos direitos, na medida em que dele depende a viabilização dos demais direitos.

---
[1] CAPPELLETTI, Mauro; GARTH, Bryant. *Acesso à Justiça*. Trad. Ellen Gracie Northfleet. Porto Alegre: Fabris, 1988, p. 9.
[2] Idem, p. 15.

A necessidade de tornar a justiça efetivamente acessível a todos é uma importante faceta de uma tendência que marcou os sistemas jurídicos mais modernos neste século, não apenas no mundo socialista, mas também no ocidental. Tal situação é evidenciada pelas constituições ocidentais mais progressistas do século XX, caracterizadas por seu esforço em integrar as liberdades individuais tradicionais – incluindo aquela de natureza processual – com as garantias e direitos sociais, essencialmente destinados a tornar as primeiras a todos acessíveis e, por conseguinte, a assegurar uma real, e não meramente formal, igualdade perante a lei.[3]

Há necessidade de acentuar-se o conteúdo da idéia de acesso à justiça, que não há de significar simplesmente o acesso ao Poder Judiciário; não só porque também existe o direito à assistência pré-processual, mas também num sentido mais amplo: é que acesso à Justiça significa, e deve significar, não apenas o acesso aos tribunais, mas o acesso a um justo processo, o acesso ao devido processo legal, àquele conjunto de garantias tão importantes que constitui o mais importante dos direitos.[4] Mas isso não significa dar razão ao postulado pelo hipossuficiente somente porque ele está nessa situação, mas sim permitir o acesso ao processo.

Isso implica: um programa de reformas e um método de pensamento.[5] Como método de pensamento, o chamado acesso à Justiça leva a uma inversão do enfoque do problema, que deve ser visto da ótica do consumidor da Justiça, e não do Estado. Tal situação conduziria a uma abrangente interpretação do inciso XXXV do art. 5º da Constituição Federal, pois por ele não se assegura apenas o acesso ao Poder Judiciário, mas se garante o efetivo acesso a uma Justiça imparcial, a uma Justiça igual, contraditória, dialética, cooperatória, que ponha à disposição das partes todos os instrumentos e os meios necessários que lhes possibilitem defender suas razões, produzir suas provas e influir sobre a formação do convencimento do magistrado.

---

[3] MARINONI, Luiz Guilherme. *Novas Linhas do Processo Civil*. 4. ed. São Paulo: Malheiros, 2000, p. 24-25.

[4] GRINOVER, Ada Pellegrini. *Novas Tendências do Direito Processual*. Rio de Janeiro: Forense Universitária, 1990, p. 244.

[5] Idem, p. 244.

Já como programa de reforma, o verdadeiro acesso à Justiça[6] significa buscar os meios efetivos que façam as partes utilizarem plenamente o Estado na solução de todos os seus conflitos, mesmo daqueles que até agora não têm sido levados ao Poder Judiciário, pois novos canais se abrem hoje para o Estado prestador de serviços, ligados a uma assistência judiciária entendida no seu mais amplo sentido, e que também sirva aos conflitos emergentes, aos conflitos próprios da sociedade de massa, nas grandes e nas pequenas causas.

Para todos esses conflitos, que o Poder Judiciário deve saber atender, o Estado há de responder com novos modelos, e também para esses novos modelos ele deve viabilizar a tutela jurídica e o acesso à Justiça a todos os litigantes.

A tarefa do Estado na obrigação de possibilitar igual acesso à Justiça a todos, efetivamente, é imensa. E nesse aspecto é relevante rever o antigo conceito de assistência judiciária aos necessitados, porque, de um lado, assistência judiciária não significa apenas assistência processual, e de outro lado, necessitados não são apenas os economicamente pobres, mas aqueles que necessitam de tutela jurídica, como o réu revel no processo-crime, o pequeno litigante nos novos conflitos que surgem numa sociedade de massa, e outros mais que podem emergir das transformações sociais que ocorrem.[7]

Os obstáculos que impedem o acesso da maioria da população à Justiça estão bem definidos:[8] deficiência de instrução, baixo índice de politização, estado de miséria absoluta ou hipossuficiência econômica grave, mínimo poder de mobilização e nenhuma organização. E, se esse problema se aguça no Nordeste, nem por isso deixa de estar presente no Norte e no Centro do país, mesmo estando minimizado, em parte, nos Estados do Extremo-Sul, embora presente, de forma ponderável, no Estado de São Paulo, o mais importante e rico dos Estados do Brasil.

---

[6] GRINOVER, Ada Pellegrini. Op. cit., p. 244..
[7] Idem, p. 247.
[8] CALMON DE PASSOS, J. J. O Problema do Acesso à Justiça no Brasil. *Revista de Processo*, v. 39, p. 83, 1985.

O problema do acesso à Justiça não pode ser estudado nos limites do acesso aos órgãos judiciais já existentes,[9] pois não se trata apenas de possibilitar ou não o acesso referido à instituição estatal, mas sim de viabilizar o acesso à ordem jurídica justa. E, para isto, necessita de uma nova postura mental, pois se deve pensar na ordem jurídica e nas respectivas instituições, pela perspectiva do consumidor, ou seja, do destinatário das normas jurídicas, que é o povo.

A cinqüentenária Lei nº 1.060/50 representou um marco expressivo da preocupação do Estado com a problemática do acesso à Justiça, mas, na verdade, a possibilidade do patrocínio judicial gratuito e da isenção das despesas processuais não assegura o necessário respeito jurídico à dignidade do hipossuficiente.[10] Daí o motivo de a Constituição da República de 1988 ter elencado no rol das cláusulas pétreas o inarredável dever do Estado de prestar assistência jurídica integral e gratuita aos que comprovarem insuficiência de recursos, erigindo tal dispositivo a verdadeiro princípio fundamental explícito, não se podendo medir esforços para sua concretização.

Sobre a problemática do acesso à Justiça, embora já se fizesse sentir no começo do século passado, somente se fez perceber com mais intensidade no pós-guerra, até porque o direito de acesso à Justiça, com a consagração constitucional dos chamados "novos direitos", passou a ser fundamental para a própria garantia desses direitos.[11]

A conscientização coletiva, o processo de formação e aprimoramento sociocultural e político de um povo[12] são frutos que amadurecem lentamente, com o passar das décadas e dos séculos. Na história brasileira, contudo, encontramos ainda uma lamentável circunstância de agravamento, que é pródiga em regimes ditatoriais que não se contentaram em retirar direitos fundamentais e garantias indivi-

---

[9] WATANABE, Kazuo. Acesso à Justiça e Sociedade Moderna. In: GRINOVER, Ada Pellegrini; DINAMARCO, Cândido Rangel; WATANABE, Kazuo. (Coord.). *Participação e Processo*. São Paulo: RT, 1988, p. 128.

[10] RAMOS, Glauco Gumerato. Realidade e Perspectivas da Assistência Jurídica aos Necessitados no Brasil. In: CADERNOS ADENAUER. *Acesso à Justiça e Cidadania*. São Paulo: Fundação Konrad Adenauer, 2000, p. 31-32.

[11] MARINONI, Luiz Guilherme. Op. cit., p. 25.

[12] FIGUEIRA JÚNIOR, Joel Dias. Acesso à Justiça e Tutelas de Urgência. *Jurisprudência Brasileira Cível e Comércio*, Curitiba, Juruá, v. 175, p. 61, 1995.

duais do cidadão, como também ainda causaram a apatia difusa do acesso à justiça.

Com o restabelecimento recente do estado democrático de direito é que a consciência social coletiva começou a tomar forma, a recobrar-se paulatinamente de todas as agressões sofridas, e com a Carta de 1988, conferiu-se ao jurisdicionado não somente o pleno acesso à Justiça, mas também outras garantias fundamentais, como a do devido processo legal, do juiz natural, do contraditório, da publicidade dos atos judiciais, da fundamentação de toda e qualquer decisão judicial (art. 5º da Constituição Federal).[13]

Haverá o aumento da procura da tutela jurisdicional para a solução dos conflitos intersubjetivos não resolvidos consensual e extrajudicialmente, como conseqüência do mencionado fenômeno da conscientização coletiva, sendo necessária a existência de mecanismos geradores da efetividade do processo, cuja realização se verifica por intermédio de instrumentos que possibilitem a consecução dos objetivos perseguidos pelo autor da demanda, com rapidez, proporcionando ao beneficiário da medida a concreta satisfação do escopo perseguido.

A preocupação em proporcionar a todos as mesmas oportunidades de acesso à Justiça[14] constitui marcante característica de todos os povos, desde os primórdios da história, bem como o submetimento de pleitos a órgão incumbido de dirimir controvérsias, no plano dos fatos concretos, permitindo a todos a ordem jurídica justa, representa o mais expressivo dos direitos conferidos ao indivíduo.

O movimento do acesso à Justiça tem sido descrito como uma reação contra o positivismo jurídico, que reduzia o papel do juiz à exclusiva aplicação da lei; suas origens encontram-se no realismo jurídico, e na jurisprudência de interesses,[15] identificando três obstáculos: a) o econômico, pelo qual muitas pessoas não têm acesso à justiça, em virtude de sua pobreza; b) o organizativo, pelo qual os interesses coletivos ou difusos não são eficazmente protegidos; c) o

---

[13] FIGUEIRA JÚNIOR, Joel Dias. Op. cit., p. 61.
[14] MORAES, Humberto Peña. A Assistência Judiciária Pública e os Mecanismos de Acesso à Justiça no Estado Democrático. *Revista de Direito da Defensoria Pública do Rio de Janeiro*, 2. ed., nº 2, p. 70, 1996.
[15] LORENZETTI, Ricardo Luis. *Fundamentos do Direito Privado*. Trad. Vera Maria Jacob de Fradera. São Paulo: RT, 1998, p. 92.

processual, pelo qual os processos tradicionais são ineficazes para garantir estes interesses.

1.2. CONCEITO E MODELOS DE ASSISTÊNCIA JUDICIÁRIA: HONORÍFICA, APOIO JUDICIÁRIO E ASSISTÊNCIA ESTATAL.

Desde os tempos remotos,[16] o Direito guarda relação com o justo, e isso fez com que ao pobre fossem concedidos graças, favores, proteção.

Foi reconhecida pelos povos antigos a necessidade de ser prestado auxílio aos hipossuficientes, para que os mesmos pudessem ter uma atuação em juízo assemelhada à da parte adversa. Percebeu-se que, sem serem oferecidas condições mínimas para os carentes,[17] para que pudessem atuar em juízo, a justiça restaria letra morta, pois não poderiam fazer valer seus direitos por falta de meios.

No Código de Hamurabi, na Babilônia, já havia a preocupação de não deixar que o fraco fosse oprimido pelo mais forte, tendo mandado inscrever em seu monumento:[18]

> Eu sou o governador guardião. Em meu seio trago o povo das terras de Sumer e Acad. Em minha sabedoria eu os refreio, para que o forte não oprima o fraco e que seja feita justiça à viúva e ao órfão. Que cada homem oprimido compareça diante de mim, como rei que sou da justiça.

Em Atenas, a assistência judiciária também possui antecedentes históricos, uma vez que eram anualmente nomeados dez advogados para defender os pobres.[19]

Em Roma, considera-se tenha sido obra do Imperador Constantino a primeira inserção em texto legal para que fosse concedido advogado a quem não o tivesse, norma que seria incorporada, poste-

---

[16] MARCACINI, Augusto Tavares Rosa. *Assistência Jurídica, Assistência Judiciária e Justiça Gratuita*. Rio de Janeiro: Forense, 2001.

[17] BASTOS, Celso Ribeiro. *Comentários à Constituição do Brasil*. São Paulo: Saraiva, 1989. v. 2, p. 374.

[18] MORAES, Humberto Peña de. Op. Cit., p. 70-89.

[19] MARCACINI, Augusto Tavares Rosa. Op. cit., p. 5.

riormente, pelo Imperador Justiniano, ao *Digesto,* Livro I, Título XVI, § 5°, *Do Ofício de Procônsul e de Legado,* que assim estabelecia:[20]

> Também deverá ordinariamente conceder advogados aos que solicitam: às mulheres, aos pupilos ou em outras circunstâncias aos débeis ou àqueles que não são donos de sua mente, quando alguém pedir por eles; ou, se não houver ninguém que peça, deverá dar espontaneamente a eles. Mas se alguém disser que não encontra para si advogado por causa do poder do adversário, igualmente será preciso dar um advogado a ele. Além disso, é descabido que alguém seja oprimido pela força de seu adversário, pois isto espelha a odiosidade daquele que governa a província, se *nela houver* alguém *que* se comporte tão violentamente a ponto de todos temerem advogar contra ele.

Em relação ao texto supramencionado, deve ser observado que, além da nomeação do advogado guardar relação com critérios de justiça e eqüidade,[21] o espírito prático dos romanos já reconhecia que a impossibilidade material de uma das partes defender-se em juízo obscurecia o próprio poder do Estado.

Ainda no próprio *Digesto,* diz o Livro III, Título I, § 1°, *Sobre a Defesa por Advogados,* havia a previsão:[22] "Disse o pretor: se não tiverem advogado, eu lho darei".

Reportando-se ao *Digesto,* Mario Guimarães de Souza[23] observa que era dever do pretor dar advogado a quem não o tivesse. Ele concedia aos pobres, viúvas e pupilos o direito de se dirigirem diretamente ao tribunal superior e exigir que todos os seus pleitos fossem julgados. Outras leis romanas ainda concediam gratuidade aos litigantes pobres, dispensando-lhes garantias e certos privilégios.

A instituição da justiça gratuita[24] existe desde os primórdios da humanidade dita civilizada, entendendo-se aqui a que dispunha de normas escritas ou tradição consagrada através dos tempos, para reger suas atividades jurídico-sociais. Sobre não colocar em situação de igual força propugnadora as partes que se digladiam, representa

---

[20] MADEIRA, Hélcio Maciel França. *Digesto de Justiniano. Livro I.* 2. ed. Trad. Edição bilíngüe. São Paulo: RT e Centro Universitário FIEO – UNIFEO, 2000, p. 126.

[21] Idem, Ibidem.

[22] DORS, A.; HERNANDEZ-TEJERO, F.; FUENTESECA, P.; GARCIA-GARRIDO, M., e BURILLO, J.. *El Digesto de Justiniado – Tomo I. Constituciones Preliminares y Livros 1 – 19.* Versão castellana. Pamplona: Editorial Aranzadi, 1968, p. 137.

[23] SOUZA, Mario Guimarães de. *O Advogado.* Recife: [s. Ed.], 1935, p. 311.

[24] ZANON, Artemio. *Assistência Judiciária Gratuita:* Comentários à Lei da Assistência Judiciária e Direito Comparado. São Paulo: Saraiva, 1985, p. 15.

salutar paliativo criado pelo Estado – instituto de direito público, portanto, pois que verdadeira intervenção estatal em alguns setores da atividade privada, para assegurar ao necessitado, por lei assim conceituado, sem ônus ou despesas, assistência judiciária, a mais completa, desde o momento em que o interessado a pleiteie, até a final execução.

Com o cristianismo e a caridade preconizada por ele, a proteção aos pobres, no que toca ao acesso à justiça, ampliou-se.

A partir de 1610, em Paris,[25] estabeleceu-se o costume de, uma vez por semana, os advogados do Parlamento darem publicamente consultas gratuitas a todos os pobres que se apresentassem. Em cada dia de consulta, eram designados seis advogados dos mais antigos para ouvir todas as reclamações dos indigentes, enquanto um estagiário tomava notas e redigia os avisos deliberados pelos referidos advogados.

Em geral, os conceitos de assistência judiciária e de justiça gratuita são confundidos. Tal situação ocorre em virtude de sua utilização como sinônimos, sem que, na verdade, o sejam.[26]

Talvez isso aconteça por causa da própria legislação brasileira referente a este assunto, que normalmente utiliza as palavras como sinônimas. Assim nos mostra a Lei nº 1.060/50, que, por várias vezes, utiliza a expressão *assistência judiciária* para referir-se ao benefício da justiça gratuita. Como exemplo, temos o artigo 3º: "A assistência judiciária compreende as seguintes isenções". (...), e o artigo 4º que assim descreve: "A parte gozará dos benefícios da assistência judiciária, mediante simples afirmação, na própria petição inicial, de que não está em condições de pagar as custas do processo e os honorários de advogado, sem prejuízo próprio ou de sua família".

No artigo 6º, encontramos que "o pedido, quando formulado no curso da ação, não suspenderá, podendo o juiz em face das provas, conceder ou denegar de plano o benefício da assistência." Não se distanciando da confusão, o artigo 7º mostra que: "A parte contrária poderá, em qualquer fase da lide, requerer a revogação dos benefícios da assistência, desde que prove a inexistência ou o desaparecimento dos requisitos essenciais à sua concessão". E, por fim,

---
[25] SOUZA, Mario Guimarães de. Op. cit., p.310.
[26] MARCACINI, Augusto Tavares Rosa. Op. cit., p. 29.

o artigo 9° assim vige: "Os benefícios da assistência judiciária compreendem todos os atos do processo até a decisão final do litígio, em todas as instâncias".

É possível notar que em todos os artigos citados a expressão *assistência judiciária* é utilizada no sentido do benefício da justiça gratuita. No entanto, encontramos *assistência judiciária* utilizada com seu significado correto no artigo 1° da lei anteriormente citada: "Os poderes públicos, federal e estadual, independentemente da colaboração que possam receber dos municípios e da Ordem dos Advogados do Brasil – OAB, concederão assistência judiciária aos necessitados nos termos da presente Lei". No parágrafo único do artigo 16, também encontramos a denominação correta do termo: "O instrumento de mandato não será exigido, quando a parte for representada em juízo por advogado integrante de entidade de direito público incumbido, na forma da lei, de prestação de assistência judiciária gratuita (...)".

A Magna Carta, em seu artigo 5°, inciso LXXIV, inclui entre direitos e garantias individuais a assistência jurídica integral e gratuita, assim, a mesma emprega uma terceira acepção ao conceito, que também pode ser confundido com os significados da assistência judiciária e justiça gratuita. Mas isso será exposto mais adiante no trabalho.

A assistência jurídica tem sido universalmente albergada, recebendo, porém, distinção a determinadas experiências, que são agrupadas em três sistemas: o método *judicare*, o modelo de defensores estipendiados pelo erário público e o sistema combinado.[27]

O método *judicare* é o sistema de amparo dos economicamente desventurados acolhido pelas reformas judiciárias levadas a termo em Alemanha, Áustria, França, Holanda e Inglaterra, alicerçado no enfoque hodierno de seguridade social e objetivando proporcionar aos litigantes de baixa renda a mesma representação que teriam se pudessem suportar o pagamento dos honorários advocatícios postulados, que consiste na prestação da assistência jurídica por advogados particulares custeados pelo Estado.[28] Uma vez verificada a viabilidade financeira e meritória da causa, permite ao requerente

---

[27] MORAES, Guilherme Peña de. *Instituições da Defensoria Pública*. São Paulo: Malheiros, 1999, p. 104.
[28] Idem, p. 104-105.

a escolha de seu patrono em uma listagem de profissionais previamente credenciados.

Quanto ao sistema dos defensores estipendiados pelo erário, tendo como paradigma a institucionalização da assistência jurídica nos moldes brasileiros, a conformação é caracterizada pela defesa judicial, prática de atos jurídicos extrajudiciais e concessão de atividades de consultoria por individualidades, providas de direitos, prerrogativas, garantias, deveres e proibições, integrantes da carreira de uma Instituição una, indivisível e funcionalmente independente, inserida na estrutura fundamental do Estado.[29]

E, finalmente, sobre o sistema combinado, tendo em vista as averiguadas limitações e possibilidades dos dois principais modelos de sistemas de assistência jurídica, a Suécia optou por combiná-los, oferecendo ao hipossuficiente a escolha entre o atendimento por patrono particular ou integrante do serviço público. Haverá ainda, mediante a harmonização entre assistência judiciária, gratuidade de justiça e previdência privada, havendo a sucumbência do beneficiário da gratuidade de justiça, a possibilidade de a parte vencedora recuperar as despesas judiciais e extrajudiciais pela percepção da indenização decorrente de um contrato de seguro ajustado pelo hipossuficiente.[30]

1.3. ASSISTÊNCIA JUDICIÁRIA

Sobre o tema, esclarece Pontes de Miranda:[31]

Assistência judiciária e benefício da justiça gratuita não são a mesma coisa. O benefício da justiça gratuita é direito a dispensa provisória de despesas, exercível em relação jurídica processual, perante o juiz que promete prestação jurisdicional. É instituto de direito pré-processual. A assistência judiciária é a organização estatal, ou paraestatal, que tem por fim, ao lado da dispensa provisória das despesas, a indicação de advogado. É instituto de direito administrativo.

Importante é definir que assistência judiciária, como já comentamos, não se confunde com gratuidade de justiça.

---

[29] MORAES, Guilherme Peña de. Op. cit., p. 106-107.
[30] Idem, p. 106.
[31] PONTES DE MIRANDA, Francisco Cavalcanti. *Comentários à Constituição de 1967*: com Emenda nº 1, de 1969. Rio de Janeiro: Forense, 1987. Tomo IV, p. 642.

A assistência judiciária é, em primeiro plano,[32] a faculdade legal que se assegura ao necessitado de ver seu direito individual lesado apreciado pelo poder jurisdicional, para fins de reparação, sem que para tanto tenha que custear as despesas processuais.

A palavra *assistência* tem o sentido[33] de auxílio, ajuda. Assistir significa dar auxílio, acompanhamento, presença junto com alguém, e aparece na expressão *assistência judiciária*, regulada pela Lei nº 1.060, de 5.2.1950, como sinônima de justiça gratuita, como um dos direitos e garantias individuais estatuídos na Constituição Federal de 1988, no art. 153, § 32, dizendo respeito ao direito de não pagar custas, taxas, honorários e demais ônus processuais, ou apenas, reduzidamente, e à forma de ser investido o procurador que exercerá a representação do beneficiado, que será nomeado pelo juiz, livremente, ou por indicação do interessado, tendo o assistente judiciário a capacidade postulatória.[34]

A partir de imprecisões terminológicas envolvendo as locuções "Justiça gratuita", "assistência judiciária" e "assistência jurídica" é que a confusão entre os conceitos foi criada,[35] e essa "assistência jurídica", que será tarefa da Defensoria Pública, traduz-se em "orientação jurídica e a defesa, em todos os graus, dos necessitados, na forma do art. 5º, LXXIV" (art. 134 da CF de 1988).

Portanto, a assistência judiciária deve ser entendida como uma atividade disposta a patrocinar a causa em juízo por um profissional habilitado. Assim, a dispensa das custas não pode ser incluída neste conceito, pois não é uma prestação de serviço, e sim, uma postura que o Estado assume perante os necessitados. A assistência judiciária é o órgão estatal incumbido de oferecer advogado ao carente de recursos, assim, este poderá reivindicar em juízo o seu direito. No Brasil, são prestadores de assistência judiciária tanto a Defensoria Pública, no Estado de São Paulo, a Procuradoria de Assistência Judiciária, como as entidades não-estatais que desempenham esse serviço como sua finalidade principal.[36]

---

[32] CASTRO, José Roberto de. *Manual de Assistência Judiciária*. Rio de Janeiro: Aide, 1987, p. 27.
[33] MARCACINI, Augusto Tavares Rosa. Op. cit., p. 33.
[34] LIMA, Alcides de Mendonça. *Dicionário do Código de Processo Civil Brasileiro*. São Paulo: RT, 1986, p. 61.
[35] GESSINGER, Ruy Armando. *Justiça Gratuita e Assistência Jurídica*. Porto Alegre: AJURIS, 1992. v. 56, p. 178.
[36] MARCACINI, Augusto Tavares Rosa. Op. cit., p. 31.

Nessa seara, podemos também incluir até mesmo os advogados que desempenhem esse tipo de função conveniados com o Poder Público ou por certa determinação judicial.

A assistência judiciária se ultima na assistência prestada em juízo,[37] ou seja, judiciária por ser de processos judiciais. Portanto, é a prestação de todos os serviços indispensáveis à defesa dos direitos do hipossuficiente em juízo, porém sem o pagamento de quaisquer despesas supervenientes.

O instituto da assistência judiciária[38] consiste no direito constitucional que assegura aos necessitados valer-se de serviços judiciários sem ônus de natureza pecuniária. Mais que um benefício, como se costuma caracterizá-la, trata-se de um direito: direito dos necessitados à justiça gratuita.

Apesar da possibilidade desse tipo de assistência poder ser prestada por órgãos não-estatais, é imprescindível que essa obrigação seja do Estado. Deve estruturá-la e concedê-la gratuita e integralmente aos hipossuficientes, o que se realiza pela Defensoria Pública, seja da União ou dos Estados, que está constitucionalmente previsto no artigo 134 da Magna Carta, como uma instituição de essencial função jurisdicional do Estado.

Assim, confirma-se o papel da Defensoria Pública de prestar assistência jurídica integral e gratuita aos que não podem arcar com as custas processuais sem prejudicar seu sustento próprio ou de sua família.

A expressão "assistência judiciária" apareceu[39] pela primeira vez em texto constitucional, no Brasil, na Carta de República de 16.7.1934, no art. 113, nº 32, que previa que a União e os Estados concederiam aos necessitados assistência judiciária, criando órgãos especiais e assegurando a isenção de emolumentos, custas, taxas e selos, embora ainda não houvera sido consagrado o direito genérico de acesso ao Poder Judiciário, pois este só viria a surgir no art. 141, § 4º, da Constituição de 18.9.1946.

---

[37] SOUZA, Silvana Cristina Bonifácio. Op. cit.,, p. 55.
[38] SANTOS, Moacyr Amaral. *Primeiras Linhas de Direito Processual Civil.* 17. ed. São Paulo: Saraiva, 1995. v. 2, p. 312.
[39] BARBOSA MOREIRA, José Carlos. O direito à assistência jurídica. Evolução no ordenamento brasileiro de nosso tempo. *Revista da Ajuris*, Porto Alegre, nº 55, p. 60, 1998.

Lembrando que a preocupação em auspiciar a todos as mesmas oportunidades de acesso à Justiça, independente do grau de fortuna, constitui, desde os primórdios da história da humanidade, marcante característica de todos os povos,[40] todavia, em face das diferenças fundamentais existentes entre os homens, a que se reúne o custo operativo da demanda em Juízo, nem sempre o efetivo exercício desta peculiar proteção esteve ao alcance de todo o corpo social, máxime dos despossuídos de recursos financeiros, senão pelos mecanismos instituídos pelo próprio Estado. E, por tal razão é que a assistência judiciária pública, sob as mais diferentes designações (*Armenrencht*, Justiça Gratuita, Defensoria Pública, *Assistante Judiciaire*, *Legal Aid*, Advocacia de Ofício, Defesa de Pobre, etc.), persevera, o que ocorre desde as épocas mais remotas, incorporada nas legislações de todos os países, nos diversos quadrantes, mantendo, todavia, com unidade de propósito, peculiaridades locais.[41]

Assim, a assistência judiciária é necessária para garantir a realização efetiva do direito de acesso à Justiça, sendo pressuposto fundamental para a participação no poder.[42]

1.4. GRATUIDADE DE JUSTIÇA

1.4.1. Das pessoas físicas

O art. 2º, parágrafo único, da Lei nº 1.060/50 (Anexo B – Volume III), conceitua *necessitado* como aquele cuja situação econômica não lhe permita pagar as custas do processo e os honorários de advogado, sem prejuízo do sustento próprio ou da família.

A expressão *sem prejuízo próprio ou da sua* família se originou[43] do § 114 da ZPO (Código de Processo Civil alemão), e, antes de aportar na Lei nº 1.060/50, reproduziu-a o art. 68 do Código de Processo Civil de 1939.

---
[40] MORAES, Humberto Peña de. Op. cit., p. 70-71.
[41] Idem, p. 71.
[42] BERIZONCE, Roberto O. Asistencia Juridica a Los Carentes de Recursos: de La Ayuda Caritativa a la Cobertura Integral de Caracter Social. *Revista de Processo*, nº 45, p. 106-107, 1987.
[43] ASSIS, Araken de. Garantia de Acesso à Justiça: Benefício da Gratuidade. In: TUCCI, José Rogério Cruz e. (Coord.). *Garantias Constitucionais do Processo Civil*. São Paulo: RT, 1999, p. 17.

Lembra Araken de Assis[44] que, comentando o art. 72 do Código de 1939, que acrescentava o ônus de, anexando à petição atestado de pobreza (art. 74), alegar e provar rendimento ou vencimento que percebe e os seus encargos pessoais ou de sua família, Pontes de Miranda[45] destacava no texto a evidência de que o benefício não se vinculava à miserabilidade, importando apenas que a pessoa não possa pagar as custas e mais despesas do processo, ou de parte delas.

A situação de indigência, a miséria absoluta, e até mesmo a pobreza declarada, prevista no § 1º do art. 4º da Lei nº 1.060/50,[46] constituem a base mínima da gratuidade, pois o pobre, o miserável e o indigente merecem a tutela do benefício da gratuidade. Para a concessão desse mesmo benefício interessa que a situação econômica da parte não lhe permita atender às despesas do feito, sendo irrelevante a renda da pessoa, porque as causas podem ser de vulto, e a parte não ter recursos para atender às custas devidas.

Há o entendimento[47] de que, para ter acesso à assistência,

não é preciso que o indivíduo viva da caridade pública, basta que esteja colocado na contingência de, ou deixar perecer o seu direito por falta de meios para fazê-lo valer em juízo, ou ter que desviar para o custeio da demanda e constituição de patrono os recursos indispensáveis à manutenção própria, e dos que lhe incumbe alimentar, dentro do conceito de família.

O benefício da gratuidade de justiça[48] deve compreender a isenção de toda e qualquer despesa necessária ao pleno exercício dos direitos e das faculdades processuais, sejam tais despesas judiciais ou não. Desse modo, é possível notar que o benefício envolve não somente as custas processuais mas, sim, todo e qualquer custo da efetiva relação processual.

A justiça gratuita equivale à gratuidade[49] de todas as custas e despesas judiciais e extrajudiciais relativas aos atos indispensáveis ao andamento do processo e à defesa de todos os direitos do bene-

---

[44] ASSIS, Araken de. *Garantia* ..., p. 18.
[45] PONTES DE MIRANDA, Francisco Cavalcanti. *Comentários ao Código de Processo Civil (de 1939)*. Rio de Janeiro: Forense, 1947. v. 1, p. 288.
[46] ASSIS, Araken de. *Garantia* ..., p. 18.
[47] AMERICANO, Jorge. *Comentários ao Código de Processo Civil do Brasil*. São Paulo: Saraiva, 1940. v. 1, p. 124.
[48] MARCACINI, Augusto Tavares Rosa. Op. cit, p. 31.
[49] BARBOSA, Ruy Pereira. *Assistência Jurídica*. Rio de Janeiro: Forense, 1998, p. 59.

ficiário em juízo. Entende-se como a isenção de toda a despesa necessária ao exercício dos direitos, alcançando as custas processuais e todas as despesas oriundas do processo.

A isenção processual é uma permissão do Estado, com a qual o mesmo deixa de recolher as custas e as despesas processuais, tanto as que lhe são devidas como as que são créditos de terceiros.

Entretanto, é claro que o beneficio da gratuidade não pode ser incluído no conceito de assistência, em virtude de não haver a prestação de nenhum serviço, tratando-se apenas de uma atitude assumida pelo Estado. Por conseguinte, a gratuidade processual e a assistência judiciária não podem ser confundidas. São institutos diferentes que servem para auxiliar pessoas carentes de recursos.

De acordo com o exposto anteriormente, nenhuma despesa necessária pode ser descartada do benefício da justiça gratuita. Por mais excepcional que a mesma seja, deve ser abrangida. Caso contrário, estaríamos violando o princípio da isonomia, do contraditório e de ação dispostos na Constituição Federal. E a despesa abrange todo e qualquer gasto que a parte beneficiada tenha para a realização do processo.

Dessa forma, qualquer alusão em lei sobre a abrangência da gratuidade deve ser vista como uma mera indicação exemplificativa. Mas nunca deve ser vista de maneira limitativa, pois o princípio constitucional do artigo 5°, inciso LXXIV, é suficiente para desobrigar a parte beneficiária de todo ônus processual.

Assim sendo, não devemos levar em conta somente o enunciado pelos incisos do artigo 3° da Lei 1.060/50. No artigo 9° da mesma lei, encontramos mais um argumento para reforçar o exposto anteriormente, pois assim dispõe: "Os beneficiários da assistência judiciária compreendem todos os atos do processo até a decisão final do litígio, em todas as instâncias".

Contudo, é necessário ressaltar que as isenções são percebidas de maneiras diferentes. De acordo com o artigo 19 do Código de Processo Civil Brasileiro, a parte que requer o ato processual deve antecipar as custas, sendo as mesmas pagas pelo vencido ao final. Essa determinação é denominada pela doutrina majoritária como ônus da sucumbência. Porém, a pessoa que litiga em um processo, e está amparada pelo benefício da justiça gratuita, está dispensada de pagá-las.

A taxa judiciária é a mais clara desobrigação, uma vez que o Estado é o principal obrigado pela permissão da gratuidade processual. Dessa maneira, é proibida a exigência de custas ao desprovido de recursos. Aqui estão incluídas quaisquer custas que devem ser recolhidas ao Estado, tanto iniciais, como recursos ou a prática de qualquer ato processual. Enfim, qualquer tipo de despesa exigida para o desenvolvimento do processo.

Se a demanda exige o deslocamento de oficial de justiça, as partes devem recolher valor correspondente às despesas do deslocamento desse servidor, que posteriormente as terá reembolsadas. E, de acordo com o inciso III do artigo 3° da Lei n° 1.060/50, o favorecido com a gratuidade está dispensado de pagar as custas devidas a qualquer serventuário da Justiça.

No mesmo artigo da Lei referida acima, mas localizado no inciso V, os beneficiários de gratuidade ficam desobrigados do pagamento dos honorários de peritos. Entende-se que, se ao advogado a lei impõe o dever de prestar assistência jurídica, quando necessário, constituindo infração disciplinar "recusar-se a prestar, sem justo motivo, assistência jurídica, quando nomeado em virtude de impossibilidade da Defensoria Pública",[50] [51] ao perito não caberia tratamento diverso. As funções de perito judicial, a rigor, deveriam ser exercidas pelo Estado, ou seja, por seus órgãos. Todavia, na prática tem-se verificado que, havendo manifestação escrita de não concordância ou interesse do perito em realizar a perícia, o juiz nomeia outro profissional para o mencionado cargo.

Quando se tratar de assistência judiciária,[52] a regra é a de que esta também compreende os honorários periciais. Para essas hipóteses, entende-se que, se a prova pericial é postulada pelo beneficiário da gratuidade de justiça e o Poder Público não tem como realizá-la por intermédio de seus órgãos, estará este obrigado a arcar com os custos decorrentes deste pagamento, sendo aplicáveis, conjunta-

---

[50] MARCACINI, Augusto Tavares Rosa. Op. cit., p. 41.
[51] Lei n° 8.906/94, artigo 34, inciso XII.
[52] RODRIGUES, Marcelo Abelha. *Elementos de Direito Processual Civil*. São Paulo: RT, 2000. v. 2, p. 240.

mente os artigos 19 e 33 do Código de Processo Civil, pois o perito deve ser remunerado pelo seu trabalho.

No Estado do Rio Grande do Sul, quem suporta o pagamento dos honorários periciais, quando a parte que requereu a perícia é beneficiária da gratuidade de justiça, é o próprio Poder Judiciário Estadual, conforme o Ato nº 12/2004-P, datado de 13.5.2004, publicado no Diário da Justiça de 19.5.2004, que disciplina o procedimento administrativo para o pagamento de perícias, exames técnicos e de traduções e versões no âmbito do Poder Judiciário Estadual, nos casos de assistência judiciária.

Também é possível o caso em que a testemunha solicita o reembolso da despesa que realizou para comparecimento à audiência. E isso é possível de acordo com o artigo 419 do Código de Processo Civil Brasileiro: "a testemunha pode requerer ao juiz o pagamento da despesa que efetuou para comparecimento à audiência, devendo a parte pagá-la logo que arbitrada, ou depositá-la em cartório dentro de 3 (três) dias". Nesse caso, o amparado pelo benefício estará liberado de efetuar o pagamento no prazo estipulado pelo dispositivo supracitado. Conforme o inciso IV do artigo 3º da Lei 1.060/50, ficam dispensados claramente os beneficiários de indenizar as testemunhas. Mas a lei reconhece o direito da testemunha em solicitar a indenização das despesas havidas com o seu comparecimento, inclusive o salário que, por esse motivo, deixar de receber. Deve ser esclarecido que não se trata de uma remuneração pelo serviço que a testemunha presta, mas uma compensação ou ressarcimento do dano mínimo que ela sofre por afastar-se de suas ocupações ordinárias, com a finalidade de tornar menos gravoso o exercício da função de testemunhar.[53]

Por vezes, é necessário valer-se da publicação de editais na imprensa para o decorrer do rito processual. E, por causa do parágrafo único inserido na Lei 1.060/50, pela Lei 7.288/84 – "A publicação de edital em jornal encarregado de divulgação de atos oficiais, a forma do inciso III, dispensa a publicação em outro jornal" –, o já referido inciso III isenta as despesas com as publicações indispensáveis no jornal encarregado da divulgação dos atos oficiais.

---

[53] SANTOS, Moacyr Amaral. *Comentários ao Código de Processo Civil*. 3. ed. Rio de Janeiro: Forense, 1982. v. IV (Arts. 332 a 475), p. 304-305.

Nos casos permitidos pela lei, a citação da parte contrária pode ser feita mediante postagem com aviso de recebimento. Portanto as despesas essenciais para a evolução do processo, também estão incluídas no benefício da gratuidade. Assim sendo, os Correios é que fariam o serviço gratuitamente, uma vez que faz parte do monopólio estatal.

O mesmo caso acontece com as cópias do processo que são necessárias para o andamento do feito. Como, por exemplo, o desenvolvimento de um agravo de instrumento, uma carta de sentença ou uma carta precatória. Dessa forma, quando necessário, o juiz deve determinar que as cópias sejam feitas gratuitamente, pois não é possível impedir o prosseguimento do feito pela falta de recurso de uma das partes.

Também cabe ao escrivão do cartório, quando necessário, a eliminação de autenticações das fotocópias retiradas de documentos originais. Basta fazê-lo mediante certidão nos autos do processo.

De acordo com o artigo 488, inciso II, do Código de Processo Civil, é necessário que se faça o depósito de 5% sobre o valor da causa nos casos em que é possível a propositura de ação rescisória. Isso se deve a título de multa, caso a ação seja, por unanimidade de votos, declarada inadmissível ou improcedente.

Esse valor não é considerado como custa processual, mas serve de garantia para a quitação da multa caso a ação seja julgada improcedente. Mesmo não sendo considerada como custa processual, é evidente que o exercício do direito de ação, no caso específico, está sob a condição do depósito dos 5% do valor da causa. Assim sendo, não é justo exigir o valor do hipossuficiente,[54] pois pelo fato de possuir o benefício da gratuidade, também possui o direito à isenção de toda e qualquer taxa para o exercício da relação processual.

Em relação ao depósito prévio,[55] não se exige para as ações propostas pela União, Estados e Municípios, pelo Ministério Público e também dos beneficiários da justiça gratuita, os quais não poderiam ficar impedidos de utilizar tal meio processual por falta de recursos financeiros.

---

[54] BARBOSA MOREIRA, José Carlos. *Comentários ao Código de Processo Civil*. 6. ed. Rio de Janeiro: Forense, 1994. v. V (arts. 476 a 565), p. 164.
[55] GRECO FILHO, Vicente. *Direito Processual Civil Brasileiro*. São Paulo: Saraiva, 1993. v. 2, p. 380.

O artigo 942 do Código de Processo Civil exige que, junto com a petição inicial da ação de usucapião, esteja presente a planta do imóvel em questão no feito. Essa exigência não pode ser um obstáculo para o ajuizamento da ação mencionada por aqueles que não possuem condições financeiras para contratar um profissional habilitado para a elaboração da planta do imóvel.

O Estado do Rio Grande do Sul, por intermédio da Defensoria Pública do Estado do Rio Grande do Sul, mantinha convênio com a Universidade Federal do Rio Grande do Sul – UFRGS, celebrado em 14.5.2003, para o fim de estabelecer condições de cooperação e apoio técnico na área de Geodésia, Topografia e Ciências Humanas (Anexo B – Volume III).

Nesse convênio, cabia à UFRGS, conforme a cláusula segunda, por meio da Pró-Reitoria de Extensão, Instituto de Geociências e Instituto de Filosofia e Ciências Humanas, colocar à disposição da Defensoria Pública, professores, estudantes, técnicos, equipamentos e materiais para a realização de medições de terrenos envolvidos ou questionados por aquela, judicial ou extrajudicialmente, limitados a áreas não superiores a 850 m^2, em favor de pessoas beneficiárias de seus serviços, principalmente para o ajuizamento de ação de usucapião, bem como prover recursos humanos, equipamentos e material no local de trabalho dentro do Município de Porto Alegre e região metropolitana. Assim, assumindo a responsabilidade técnica pelas obras confeccionadas, respectivas plantas e memorial descritivo.

Em contrapartida, a Defensoria Pública devia prover o transporte dos estudantes, professores e técnicos para os locais designados para os devidos levantamentos topográficos. Deveria, também, prover quatro bolsas para estudantes e técnicos da UFRGS, bem como exeqüibilizar os pagamentos das ART – Aviso de Responsabilidade Técnica correspondentes junto ao CREA/RS – Conselho Regional de Engenharia, Arquitetura e Agronomia do Estado do Rio Grande do Sul.

Outro convênio do qual a Defensoria Pública participava foi celebrado em 25.8.2003 com o Município de Alvorada, com a finalidade de estabelecer condições de cooperação e apoio técnico nas áreas de Geodésia e Topografia, visando à propositura de ações de usucapião para a regularização nas áreas naquele município (Anexo B – Volume III).

De acordo com a cláusula quarta, o Município de Alvorada deveria disponibilizar à Defensoria Pública um topógrafo para realizar medições nos imóveis objetos de ações de usucapião, além dos equipamentos e materiais necessários à realização da medição, assumindo a responsabilidade técnica pela elaboração das plantas e memoriais descritivos. Caberia à Defensoria Pública elaborar o Plano de Trabalho, bem como propor e acompanhar as ações de usucapião para regularização dos imóveis – cláusula quinta do convênio.

Quanto ao ônus da sucumbência, conforme o artigo 20 do Código de Processo Civil, é o vencido que deve suportar as despesas decorrentes do processo. Se uma das partes, entretanto, possuir o benefício da assistência judiciária, não podemos levar em conta a disposição de tal artigo.

Em regra, as custas processuais são adiantadas pelas partes, como dispõe o art. 19 do Código de Processo Civil. Depois da sentença condenando uma das partes ao pagamento das despesas, a parte contrária será considerada credora. Se uma das partes for beneficiária da gratuidade de justiça, existe a dispensa da antecipação destas despesas, bem como do seu pagamento no final, em caso de ser vencida, enquanto perdurar a condição legal de necessitada.[56]

Se uma das partes teve deferido o benefício da gratuidade de justiça,[57] poderemos ter ao final como credores de despesas: a) a Fazenda Pública, quanto à taxa judiciária; b) órgãos públicos, que não a Fazenda, tais como cartórios extrajudiciais, pelas despesas de registros, averbações, extração de certidões; c) particulares, como peritos e testemunhas; d) a parte contrária ao beneficiário, pelas despesas que tenha adiantado, caso esta seja vencedora.

Na hipótese de o beneficiário ser o vencedor da demanda, a parte contrária, não beneficiária da gratuidade de justiça, arcará com a totalidade das despesas processuais não pagas no desenvolvimento do procedimento e os honorários advocatícios.[58]

---

[56] BARBI, Celso Agrícola. *Comentários ao Código de Processo Civil.* 10. ed. Rio de Janeiro: Forense, 1998. v. I (Arts. 1º a 153), p. 132.
[57] MARCACINI, Augusto Tavares Rosa. Op. cit., p. 48.
[58] MORAES, Guilherme Peña de. Op. cit., p. 68.

Ainda é necessário lembrar que o artigo 11 da Lei nº 1.060/50 foi revogado pelo artigo 20 do Código de Processo Civil. Dessa forma, a condenação de despesas processuais e honorários advocatícios, com relação ao beneficiado pela gratuidade de justiça, fica regulada pelo dispositivo legal supracitado.

No caso de a parte beneficiária da gratuidade de justiça ser vencida na lide, ficará inadimplente com a Fazenda Pública ou outros órgãos públicos, pois é o próprio Estado que tem o dever de prestar gratuitamente à jurisdição.

Essa exigibilidade, porém, pode depender da perda da condição de necessitado, podendo haver alterações patrimoniais permitindo o pagamento dos referidos valores. Logicamente que essa quitação deve ser feita sem prejuízo do próprio sustento ou da sua família. Ocorre a condenação na sucumbência, na decisão judicial, mas deve haver a expressa dispensa do efetivo pagamento em virtude da concessão do benefício da gratuidade de justiça.

Também é necessário recordar que o artigo 12 da Lei nº 1.060/50 cita prazo prescricional de cinco anos, a contar da sentença final, para o pagamento das despesas processuais ao assistido pela justiça gratuita. Passados esses cinco anos, essa obrigação não existirá mais. Esse tipo de prazo foi introduzido pela lei acima referida, pois o Código de Processo de 1939, em seu artigo 78, ditava que a parte que tivesse condição de pobreza cessada deveria quitar a obrigação a "qualquer tempo".

Efetuando uma interpretação literal do artigo 12 da Lei nº 1.060/50, percebemos que a mesma dispõe que, pelo princípio da sucumbência, o beneficiário da gratuidade vencido na lide processual é condenado nas despesas adiantadas no processo, e, também, nos honorários do advogado da outra parte. Neste caso, deve realizar os pagamentos sem quaisquer restrições.

A primeira parte do artigo 12 supra-referido diz somente respeito à isenção do pagamento das custas. Dessa forma, retiram do benefício os honorários advocatícios da parte adversária e as despesas processuais adiantadas.

A segunda justificativa para o pagamento do ônus da sucumbência seria a natureza dessas verbas, pois podem estar dotadas de caráter sancionatório, embora esse tipo de sanção não impeça o acesso dos desprovidos de verbas à Justiça.

O caráter sancionatório das despesas de sucumbências impostas ao vencido não obstrui o acesso à Justiça, pois só são aplicadas ao final da lide. Porém, não devemos considerar apenas o ingresso em juízo como bônus de gratuidade, uma vez que este sozinho não é suficiente para que o acesso à Justiça seja realmente efetivo.

E, como já se ponderou, o justo não está amparado na possibilidade de o carente ter de arcar com as despesas de sucumbência se esta última acabar por prejudicá-lo ou, até mesmo, a sua família. Há entendimento[59] de que o acesso à Justiça não se deve limitar aos juízos e tribunais, como órgãos jurisdicionais integrantes da estrutura política do Estado, mediante a ampla admissibilidade ao processo ou possibilidade de ingresso em juízo, sendo encargo estatal a promoção de uma ordem jurídica produtora de decisões individuais e socialmente justas.

Por fim, a terceira corrente vale-se da revogação do artigo 12 da Lei 1.060/50 pelo artigo 5°, inciso LXXIV, da Constituição Federal de 1988, pois este último dispensa o carente totalmente das verbas de sucumbência. Assim o beneficiário da gratuidade de justiça não fica condenado a pagá-las.

Chega-se à conclusão de que a dúvida em relação ao pagamento da verba honorária em favor da parte contrária surge por causa da ambigüidade existente na Lei n° 1.060/50, que, em alguns momentos, parece inserir a verba nos limites da isenção legal – artigo 3°, inciso V[60] –, e em outro momento mostra a exclusão, sob algumas condições – artigos 11, § 2°,[61] e 12.[62]

Porém, não devemos considerar a regra do artigo 20 do Código de Processo Civil: o vencido fica obrigado ao pagamento de verba

---

[59] WATANABE, Kazuo. Op. cit., p. 134.

[60] "Artigo 3°: A assistência judiciária compreende as seguintes isenções: (...) V – dos honorários de advogado e perito".

[61] "Artigo 11, § 2°: A parte vencida poderá acionar a vencedora para reaver as despesas do processo, inclusive honorários do advogado, desde que prove ter a última perdido a condição legal de necessitada".

[62] "Artigo 12: A parte beneficiada pela isenção do pagamento das custas ficará obrigada a pagá-las, desde que possa fazê-lo, sem prejuízo do sustento próprio ou da família, se dentro de cinco anos, a contar da sentença final, o assistido não puder fazer tal pagamento, a obrigação ficará prescrita".

honorária e ao reembolso das despesas adquiridas pelo vencedor. Por causa desse dispositivo é que a parte contrária terá constituído, em seu favor, um título executivo judicial, que, se verificada a condição que fala a lei (alteração na condição legal do necessitado), poderá ensejar a instauração de processo de execução por quantia, inclusive nos próprios autos, sem qualquer necessidade de remessa para outra via, menos ainda para outro processo de conhecimento.[63]

A decisão deve condenar a parte nas custas processuais e honorários advocatícios e, depois, dispensá-la do pagamento em virtude da concessão do benefício da gratuidade de justiça.

É imprescindível, também, não esquecer o inciso LXXIV do artigo 5° da Constituição Federal, que estabelece uma garantia pressupondo que o necessitado aguarde providência. Assim sendo, após o término da situação que o levou à concessão do benefício da gratuidade, não existe mais jurisdição para a parte vencida requerer o ressarcimento do adversário.

Dessa forma, fica difícil que os beneficiários da justiça gratuita sejam condenados a pagar qualquer despesa posterior do processo que ocorreu, uma vez que, conforme o artigo 5°, inciso LXXIV, da Magna Carta, eles possuem assistência jurídica gratuita e integral. De nada adiantaria isentar o pobre do pagamento da taxa judiciária, possibilitando o ajuizamento da ação, se, ao final, tiver que gastar uma quantia que não possui.

A responsabilidade pelas verbas de sucumbência[64] tem fonte no princípio da causalidade. Portanto, quem deu causa ao processo deve arcar com os custos do mesmo, isto é, o fundamento ético e jurídico da condenação por despesas e honorários advocatícios é o fato de haver a parte dado causa ao processo.

Nos casos em que se rejeita a recusa infundada do réu, ou na desistência do mesmo, a doutrina pátria utiliza o mesmo entendimento, porém não deixando de lado a relevância dos casos especiais, aos quais o princípio da sucumbência é aplicado inclusive quando o desistente é beneficiário da gratuidade de justiça.

---

[63] YARSHEL, Flávio Luiz. Assistência Judiciária sob o ângulo do requerido. *Revista do Advogado*, São Paulo, n° 59, p. 84, junho/2000.

[64] TUCCI, José Rogério Cruz. *Desistência da ação*: doutrina e jurisprudência. São Paulo: Saraiva, 1988, p. 36.

1.4.2. Das pessoas jurídicas

Em relação à concessão do benefício da gratuidade de justiça às pessoas jurídicas, aparentemente não há nenhuma restrição à concessão do benefício na Lei 1.060/50 em relação às mesmas. Desta forma, ressalta-se[65] que as considerações desenvolvidas a respeito da necessidade econômica, a presidir o conceito de necessitado no artigo 2°, parágrafo único, da Lei n° 1.060/50, sugerem que as pessoas jurídicas se apresentem como dignas de gratuidade.

Existem os casos em que se acha pertinente essa concessão, principalmente às instituições filantrópicas e assistenciais que não possuam fins lucrativos.[66]

Sem dúvida nenhuma, não se deve olvidar que os requisitos necessários para a obtenção do benefício devem ser distintos em relação aos das pessoas físicas, uma vez que o conceito de necessitado na Lei n° 1.060/50 jamais serviria para referir-se a qualquer pessoa jurídica que fosse.

Porém, mesmo que esse conceito de necessitado não se enquadre à pessoa jurídica, ele não pode se sobrepor aos princípios constitucionais. Dessa forma, no caso concreto em que não haja concessão de gratuidade mas que surja infração aos princípios processuais constitucionais, a gratuidade de justiça deve ser concedida às pessoas jurídicas.

É possível traçar um perfil genérico de pessoa jurídica que não tenha meios de participar do processo,[67] a menos que lhe concedam gratuidade. Há uma série de requisitos para que a pessoa jurídica faça jus ao benefício, citando-se, por exemplo, as pessoas jurídicas desprovidas de patrimônio, ou que tenham patrimônio reduzido ou, até mesmo, seja este inalienável; que não possua finalidade lucrativa, nem que remunerem seus associados, muito menos lhes prestem serviços. Diferenciam-se assim as pessoas jurídicas que tenham por

---

[65] ASSIS, Araken de. *Doutrina e Prática no Processo Civil Contemporâneo*. São Paulo: RT, 2001, p. 85.
[66] TARGS, AI n° 189070055, Relator Juiz de Alçada José Maria Rosa Tesheiner, em 24.10.1989. Ementa: "Assistência Judiciária. Possibilidade de sua concessão a pessoa jurídica". No voto referiu o relator: "Como se observa, mesmo nos embargos não se negou a possibilidade de extensão, em tese, do benefício da assistência judiciária a pessoas jurídicas. O que importa, pois, é a necessidade do requerente, por insuficiência de recursos."
[67] MARCACINI, Augusto Tavares Rosa. Op. cit., p. 89.

fim atividades filantrópicas, assistenciais, ou que sejam reconhecidas como entidades de utilidade pública.[68]

Na Constituição Federal de 1988, ao tratar dos direitos e garantias fundamentais, no capítulo referente aos direitos individuais e coletivos, há o entendimento[69] da previsão de assistência jurídica sem que o texto elaborado pelo constituinte discrimine beneficiários físicos ou jurídicos, pois o constituinte abandonou o individualismo para, agora, sobrepor o interesse coletivo ao Poder Público e ao próprio indivíduo isolado.[70]

O interesse do constituinte de 1988[71] foi assegurar a todos, e especialmente aos mais carentes, o direito do recurso ao Poder Judiciário, evitando que hospitais, manicômios, nosocômios e outras instituições de interesse público tivessem que desviar parte de seus preciosos recursos para pagamento de custas judiciais, e, em assim procedendo, os tribunais estão atendendo, ainda que de forma indireta, ao comando constitucional de tutela e proteção dos carentes.

O acesso ao Poder Judiciário deve ser facilitado[72] a todas as pessoas, físicas e jurídicas, até porque o art. 5º, inciso LXXIV, da Constituição Federal, não faz qualquer distinção. O prejuízo do próprio sustento pode referir também pessoa jurídica, quando demonstra cabalmente a impossibilidade de arcar com as despesas do processo sem prejudicar a própria manutenção, mas não bastaria a simples

---

[68] STJ, REsp 400.743/RS, Relator Min. Carlos Alberto Menezes Direito, DJ 25.11.02, p. 230. Ementa: "Assistência Judiciária Gratuita. Pessoa jurídica. Precedentes desta Corte. 1. Como assentado na jurisprudência da Segunda Seção desta Corte, a pessoa jurídica pode desfrutar dos benefícios da assistência judiciária, cabendo ao juiz examinar as condições para tanto. 2. Recurso Especial não conhecido."

[69] LENZ, Luis Alberto Thompson Flores. Da Concessão da Assistência Judiciária Gratuita às Pessoas Jurídicas e aos Entes Beneficentes. *Revista dos Tribunais*, São Paulo, v. 674, ano 80, p. 68, 1991.

[70] STJ, REsp. 196.998/RJ, Relator Min. José Arnaldo da Fonseca, DJ 17.06.02, p. 288. Ementa: "Assistência Judiciária. Pessoa jurídica. É admissível possa a pessoa jurídica pedir e obter assistência judiciária. A lei não distingue entre os necessitados (Art. 2º e par. Único). No caso, a requerente é pobre, juridicamente não possui ela patrimônio, nem meios para arcar com os encargos do processo. Enquadra no conceito de pessoa juridicamente pobre. Recurso Especial conhecido e provido."

[71] LENZ, Luis Alberto Thompson Flores. Op. cit., p. 68.

[72] DEMO, Roberto Luis Luchi. Assistência Judiciária Gratuita. *Revista Jurídica*, nº 289, p. 18, nov/2001.

afirmação, e sim a efetiva comprovação da necessidade do benefício da gratuidade.[73][74]

É admissível a concessão do benefício às entidades caritativas, às pessoas jurídicas tipicamente filantrópicas, pias, consideradas por lei socialmente relevantes, sem fins lucrativos ou de caráter beneficente,[75] pois tal benefício vem a favorecer, em última análise, aos assistidos pela entidade, pessoas físicas necessitadas. Todavia, tratando-se de pessoa jurídica sem finalidade lucrativa, que sirva tão-somente a seus sócios, como os clubes e associações, seria incabível a concessão do benefício, pois a precariedade econômica da pessoa jurídica deve ser suprida pelos próprios sócios, com, por exemplo, o aumento do valor das taxas, mensalidades ou contribuições, mas não pelo Poder Público.

Também são beneficiários: a microempresa e a empresa em nome individual, ambas, na verdade, pessoas físicas, pois se trata de atuação no mercado de trabalho em que predomina a presença e a participação pessoal de um profissional que usa da microempresa ou da firma em nome individual para o exercício da sua atividade, em relação à qual descabe aplicar conceitos próprios da pessoa jurídica.[76] Mas as pessoas jurídicas que visam à atividade lucrativa não seriam atingidas pelo referido benefício da gratuidade, em vista de que o pressuposto pobreza jurídica não se coaduna com a atividade

---

[73] STJ, REsp. 182.557/RJ, Rel. Min. Carlos Alberto Menezes Direito, 3ª T., em 02.09.99, DJ 25.10.99, p. 79. Ementa: "Assistência Judiciária. Pessoa jurídica. Demonstração cabal da insuficiência de recursos. 1. Ademais de fundamentado, exclusivamente, na interpretação do art. 5º, LXXIV, da Constituição Federal, o certo é que a Corte já assentou a necessidade de demonstração cabal da insuficiência de recursos para que a empresa possa desfrutar dos benefícios da assistência judiciária. 2. Recurso especial não conhecido."

[74] TJ/RS, ApCível 598549624, Rel. Des. Armínio José Abreu Lima da Rosa, 20ª C. Cível, em 28.09.99. Ementa: "Assistência Judiciária Gratuita. Admissibilidade de Concessão do Benefício também à Pessoa Jurídica. Orientação do STF: 'Passou-se a admitir a gratuidade da Justiça, quanto às pessoas jurídicas caracterizadas por um núcleo familiar. Com relação às pessoas jurídicas, é necessário um mínimo de verossimilhança quanto à condição econômica ou financeira que justifique a concessão do benefício".

[75] DEMO, Roberto Luis Luchi. Op. cit., p. 19.

[76] STJ, REsp 200.597/RJ, Rel. Min. Ruy Rosado de Aguiar, 4ª T. em 18.05.99, DJ 28.06.99, p. 121. Ementa: Assistência Judiciária. Pessoa jurídica. Microempresa. A microempresa pode receber o benefício da assistência judiciária gratuita. Precedentes. Recurso conhecido e provido.

lucrativa objetivada pelas sociedades civis e comerciais voltadas ao aferimento de lucro.[77][78]

Ocorre que se não for possível a concessão do benefício a esse tipo de pessoa jurídica, estaríamos negando-lhe o acesso à Justiça. Assim, seria violado o artigo 5°, inciso XXXV, da Constituição Federal, dispondo que a lei não poderá excluir da apreciação do Poder Judiciário lesão ou ameaça de direito. Como já referimos anteriormente, nenhuma definição legal infraconstitucional pode sobrepor-se às regras da Lei Suprema.

Entende-se como gratuidade de justiça a dispensa do pagamento das custas e taxa judiciária, despesas com publicação de editais, das indenizações devidas às testemunhas, dos honorários advocatícios e peritos. Mas essa isenção inclui prestar caução?

O beneficiário da gratuidade de justiça está isento de prestar caução,[79] entendendo estar a isenção enquadrada no art. 3° da Lei n° 1.060/50, tendo em vista que a estabelecida no art. 488, inciso II, do Código de Processo Civil, recolhida para fins de propositura da ação rescisória, não tem caráter de indenização, não visa a compensar a parte vencedora de possíveis prejuízos, mas sim a evitar o abuso no exercício do direito de ação, sendo, portanto, inexigível do hipossuficiente. Entender diversamente seria, para o mesmo, tolher aos necessitados o exercício da ação rescisória, com manifesta violação do art. 5°, inciso XXXV, da Constituição Federal.

---

[77] STJ, REsp 111.423/RJ, Rel. Min. Demócrito Reinaldo, 1ª T., em 09.03.99, DJ 26.04.99, p. 47. Ementa: "Processual Civil. Assistência Judiciária Gratuita. Benefício não extensivo às pessoas jurídicas que visam à atividade lucrativa. Art. 2° da Lei n° 1.060/50. Inteligência. Precedentes jurisprudenciais. 1. O ordenamento jurídico pátrio permite que a gratuidade de justiça alcance não só as pessoas físicas, mas também as pessoas jurídicas de fins titpicamente filatrópicos ou de caráter beneficente; desde que comprovada nos termos da lei, a sua impossibilidade financeira para arcar com as custas do processo. 2. O pressuposto da pobreza jurídica, definido na Lei n° 1.060/50, não se coaduna com a atividade lucrativa perseguida pelas sociedades comerciais limitadas; e também por outras espécies de pessoas jurídicas voltadas para o auferimento de lucro. 3. Recurso especial conhecido e improvido. Decisão unânime."

[78] STJ, REsp 472.423/PB, Rel. Min. Aldir Passarinho Júnior, DJ 24.03.03, p. 237. Ementa: "Processual Civil. Pedido de Assistência Judiciária Gratuita. Pessoa jurídica. Lei n° 1.060/50, art. 4° Possibilidade. Falta de comprovação de insuficiência econômica. Reexame de prova. Súmula 7 do STJ. 1. O entendimento firmado no STJ é no sentido de que a pessoa jurídica pode, em tese, se beneficiar da assistência judiciária. 2. A ausência de prova ou indício de insuficiência econômica por parte da pessoa jurídica lucrativa, conforme constatação das instâncias ordinárias, impedem o reexame da matéria nesta Corte, em face do óbice do verbete n° 7 da Sumula. 3. Recurso Especial não conhecido."

[79] BARBOSA MOREIRA, José Carlos. Comentários ..., p. 164.

De outra forma, em relação à caução prevista no art. 835 do Código de Processo Civil,[80] isto é, caução de custas judiciais e dos honorários do advogado do réu, encontrando-se o autor em situação financeira impeditiva do pagamento das custas do processo e dos honorários de advogado, gozando do benefício da gratuidade de justiça, não haverá a exigência da caução referida neste dispositivo legal, mera garantia do principal, já dispensado, em face da regra *acessorium sequitar suum principale*.

Os autores ainda ressalvam a dispensa da *cautio pro expensis* em relação a cidadão ou residente permanente ou pessoa jurídica sediada em país integrante do Mercosul, em face do disposto nos arts. 3º e 4º do Protocolo de Cooperação e Assistência Jurisdicional em Matéria Civil, Comercial, Trabalhista e Administrativa, de 27.6.1992.

1.5. ASSISTÊNCIA JURÍDICA

A problemática do acesso à Justiça não pode ser estudada nos limites do acesso aos órgãos jurisdicionais já existentes.[81] Não se trata apenas de possibilitar o acesso à Justiça como instituição estatal, e sim viabilizar o acesso à ordem jurídica justa.

Assim, a Magna Carta inseriu o conceito de assistência jurídica como um princípio constitucional em seu artigo 5º, inciso LXXIV.

É necessário reconhecer que a norma constitucional impôs ao Estado um *dever* mais abrangente do que somente a gratuidade processual. O princípio contido no inciso LXXIV do artigo 5º teve a intenção de proporcionar um acesso efetivo do necessitado à Justiça.

Portanto, é notável que o benefício no Brasil não é somente limitado à assistência judiciária, uma vez que o adjetivo composto – jurídico-legal – constante no texto da Carta Maior possui dupla finalidade: a) a assistência transcende o Juízo, ou seja, é jurídica, efetivando-se onde estiver o Direito; b) a assistência é integral, não se esgotando na parte, na unidade, mas visa a integrar as seções e

---

[80] OLIVEIRA, Carlos Alberto Alvaro de; LACERDA, Galeno. *Comentários ao Código de Processo Civil*. 4. ed. Rio de Janeiro: Forense, 1999. v. VIII, Tomo II (Art. 813 a 889), p. 174.
[81] WATANABE, Kazuo. Op. cit., p. 128.

facetas de um todo; tem por escopo coordenar os diversos grupos sociais, desintegrados do conjunto de sua marginalização.[82]

A assistência jurídica, portanto, é todo e qualquer auxílio jurídico prestado ao necessitado, principalmente no que diz respeito aos aconselhamentos preventivos no intuito de excluir o conflito de interesses dos tribunais. Poderíamos chamá-lo de um serviço consultivo ao carente de recursos.

A idéia de amparo jurídico está refletida no conceito de assistência jurídica. Mas estamos-nos referindo ao amparo tanto na seara judicial como na extrajudicial. Dessa forma, o Estado se beneficia, pois poderá concentrar-se nas demandas de maior importância, uma vez que a sua estrutura estará mais aliviada com a resolução dos conflitos extrajudicialmente.

Podemos considerar que esta determinação – assistência jurídica – além de estabelecer o ingresso ao juízo, propõe também uma assistência preventiva pré-judiciária.

A assistência jurídica é o gênero, e a assistência judiciária é parte dela,[83] compreendendo também a assistência pré-judiciária e extrajudicial ou extrajudiciária. Tanto assim é que a atual Constituição brasileira, em seu art. 5º, inciso LXXIV, prevê que o *"O Estado prestará assistência jurídica..."*.

Distingue-se justiça gratuita,[84] que é a dispensa do pagamento das custas e taxa judiciária, e assistência judiciária, sendo esta a prestação gratuita de serviços de advocacia forense. A Constituição Federal garante aos hipossuficientes mais do que a justiça gratuita e assistência judiciária que compreende a prestação de outros serviços de advocacia, como consultas, pareceres e assistência jurídica extrajudicial.

Para a prestação referida, a Defensoria Pública é instituição essencial à função jurisdicional do Estado, incumbindo-lhe a orientação jurídica e a defesa, em todos os graus, dos necessitados, nos termos do art. 134 da Constituição Federal.[85]

---

[82] CARVALHO, Pedro Armando Egydio de. *A Defensoria Pública:* um novo conceito de assistência judiciária. São Paulo: RT, 1993, p. 303.
[83] BARBOSA, Ruy Pereira. Op. cit., p. 59.
[84] TESHEINER, José Maria Rosa. *Jurisdição Voluntária.* Rio de Janeiro: Aide, 1992, p. 162.
[85] Idem, p. 163.

Também lembra o citado autor o disposto no art. 5°, inciso LXXIV, da Constituição Federal, de que "o Estado prestará assistência jurídica integral e gratuita aos que comprovarem insuficiência de recursos".[86]

Quanto à questão de comprovar a insuficiência de recursos, destaca que a Lei n° 1.060, de 5.2.50, art. 4° (com a redação dada pela Lei n° 7.510, de 4.7.86), não exige comprovação de necessidade, contenta-se com a declaração do requerente, feita sob as penas da lei, de que o postulante não está em condições de pagar as custas do processo e os honorários advocatícios, sem prejuízo próprio ou de sua família.[87]

Há quem entenda tal dispositivo se encontrar revogado pela Constituição Federal, que outorga o benefício da assistência jurídica apenas aos que comprovem insuficiência de recursos, mas a norma subsiste, em virtude de a Constituição garantir um mínimo – a concessão do benefício da gratuidade – aos que comprovem insuficiência de recursos. A União e o Estado podem ampliar a concessão de tal benefício a outros incapazes de suportar o pagamento das despesas judiciais e de honorários advocatícios. O que não podem é outorgar o benefício a quem manifestamente não é necessitado.[88]

A decisão que concede o benefício é constitutiva, sem força de coisa julgada,[89] podendo ocorrer revogação, de ofício ou a pedido daquele que se sente prejudicado, nos termos dos arts. 7° e 8° da Lei n° 1.060/50, e cujo enquadramento no âmbito da jurisdição voluntária decorre da inexistência de lide entre o postulante e o Estado.

Há o entendimento de que a expressão *assistência judiciária*, com força de significar a garantia de igual acesso de todos à Justiça, deve ser admitida com uma abrangência maior do que lhe empresta o conteúdo da forma vernacular. A referida expressão não deve ser havida, apenas, como a atividade dinamizada, junto ao Poder Judiciário, no curso da lide, em favor daqueles hipossuficientes. Mais do que isso, a assistência judiciária, como instituto ligado à tutela de direitos subjetivos, compreende, ainda, atividades técnico-jurídicas no campo da prevenção, da consultoria, do aconselhamento e

---

[86] TESHEINER, José Maria Rosa. Op. cit., p. 163.
[87] Idem, Ibidem.
[88] Idem, p. 163-164.
[89] Idem, p. 165.

da informação. A idéia de igualar a todos em oportunidades diante da lei, na desincumbência da chamada isonomia formal, prometida pelo Estado democrático, significa algo além da simples postulação e defesa restritas às lides dos tribunais. Dessa forma, o vocábulo *assistência jurídica* resta, inequivocadamente, mais bem compatibilizado com a natureza do instituto.[90]

Mas quanto à multa prevista no art. 14, parágrafo único, do Código de Processo Civil, haveria também a dispensa do pagamento ao hipossuficiente? Havendo ato atentatório ao exercício da jurisdição, como previsto no art. 14, inciso V, do Código de Processo Civil, pode ser aplicada multa ao responsável, independentemente de ser a parte beneficiada com a gratuidade de justiça. Não pode o hipossuficiente valer-se dessa sua condição e não cumprir com os provimentos mandamentais, criando embaraços à efetivação de provimentos judiciais.

---

[90] MORAES, Humberto Peña de. Op. cit., p. 84.

2. Assistência judiciária no direito comparado

Pesquisando sobre assistência judiciária no sistema jurídico de países europeus encontramos:

2.1. ALEMANHA

A garantia de obter justiça por intermédio das instituições do Estado decorre da interdição, desse mesmo Estado ao indivíduo, de fazer justiça ele próprio: um sistema social e legal, que não permita aos seus próprios cidadãos realizar, eles mesmos, os seus direitos, fica obrigado a colocar "uma substituição" à disposição dos cidadãos.[91]

O ZPO (Código de Processo Civil alemão), de 30 de janeiro de 1887, precisamente em seus §§ 114 a 127, já dispunha sobre a possibilidade de isenção do pagamento de custas processuais (*Armenrecht*), ou seja, assistência judiciária, tanto para o autor, como para o réu, desde que ficasse comprovado, desde logo, seu estado de pobreza ou de miserabilidade, o que, de sorte, poderá ensejar o deferimento ou não da gratuidade judiciária.[92]

Para tanto, fazia-se necessária a presença de pressupostos extrínsecos e intrínsecos para tal concessão, entre eles perspectiva po-

---

[91] HABSCHEID, Walther J. As Bases do Direito Processual Civil. Trad. Arruda Alvim. *Revista de Processo*, v. 11-12, p.136, 1978.

[92] "A efetividade dos procedimentos da magistratura e o fortalecimento estrutural do poder judiciário, com seus positivos reflexos na prestação jurisdicional, constituem justa medida da autenticidade do regime democrático" (XAVIER NETO, Francisco de Paula. Notas sobre a justiça na Alemanha. Doutrina Internacional. Direito Processual Civil. *Revista de Processo*, nº 27, p.130, jul-set, 1982).

sitiva de êxito na interposição da demanda ou defesa, ainda que não implique temeridade, conforme § 114, I, 1.[93] Diga-se pressuposto extrínseco o fato de que a parte interessada não disponha de condições pessoais e econômicas de arcar com o pagamento das custas processuais, seja no todo ou em parte. De outro modo, infere-se como pressuposto intrínseco a viabilidade de sucesso da demanda ou defesa, restando comprovado fundamento objetivo a ser alcançado.

O primeiro requisito de concessão de apoio judiciário é que o projeto do exercício do direito ou da defesa ofereça suficiente *perspectiva de êxito* e *não* se mostre *temerário*. Ao mesmo tempo, têm de ser examinadas as perspectivas de execução.[94]

O segundo requisito respeita a capacidade econômica do requerente. Há o seu rendimento em primeiro lugar e, na medida em que isso seja razoável, tem de dispor dos seus bens (§ 115, I, 1, e II, 1). Havendo direito ao apoio judiciário, abrange todas as custas do processo.[95]

Contudo, diante da ausência de um desses requisitos, poderá ser recusado o pedido do benefício da gratuidade judiciária.

Por outro lado, sendo a parte beneficiária da justiça gratuita por decorrência legal, fica isenta da obrigatoriedade do pagamento das custas processuais já vencidas, ou que por ventura venham a vencer, havendo dispensabilidade da prestação de caução a tais despesas (§ 115, I, 1).[96]

A parte economicamente necessitada que não possua condições de arcar com os custos do feito, sendo ela pessoa física ou jurídica, poderá postular o benefício, e para isso deverá endereçar requerimento ao tribunal que compete para julgamento da questão, descrevendo de forma sucinta todas as despesas familiares, bens de sua propriedade, bem como a aferição de rendimentos e dívidas por ele assumidas.[97] Todavia, cabe ao postulante explicitar a demanda a ser proposta, referindo tão logo seus fundamentos e pretensões

---

[93] SCHÖNKE, Adolfo. *Derecho Procesal Civil*. Trad. Espanhola de la quinta edicion alemana. Barcelona: Boschi, Casa Editorial – Urgel, 1950, p. 409.
[94] JAUERNIG, Othmar. *Direito Processual Civil*. Portugal: Almedina, 2002, p. 477.
[95] Idem, p. 478.
[96] THOMAS, Heinz; PUTZO, Hans. *Zivilprozebordnung*. ZPO, ed. C.H. Beck'sche Verlagsbuchhandlung, München, 1985, p. 281-82.
[97] LEIBLE, Stefan. *Proceso Civil Alemán*. Colombia: Biblioteca Jurídica Dike, 1999, p. 522-523.

acerca das provas a serem produzidas durante o trâmite processual (§ 117).[98]

Uma vez preenchidos esses pressupostos, o magistrado procederá à avaliação preliminar acerca da situação fática aduzida, inclusive ouvindo a parte contrária (§ 118, 1),[99] para então, em sede sumária, decidir sobre a concessão ou não do benefício.

A gratuidade judiciária pode ser concedida no todo ou em parte, o que não abrange somente as custas processuais, mas também os honorários profissionais devidos ao advogado nomeado ou, ainda, àquele indicado pelo requerente.[100] Todavia, essa isenção é personalíssima (§ 121),[101] extinguindo-se com a morte do beneficiário (§ 113).[102]

A contar de 18 de dezembro de 1919, foi introduzido o sistema denominado *judicare*, o qual consiste em remuneração devida pelo Estado aos advogados que se dispunham a fornecer assistência judiciária à parte necessitada economicamente que a pleiteie,[103] excluídos os honorários, porém estando presentes os pressupostos legais elencados pelo ZPO (§ 114, II, I),[104] entre eles, ausência de condições financeiras para arcar com despesas processuais atinentes à determinada demanda.

A Lei Fundamental da República Federativa da Alemanha, editada em 23 de maio de 1948, reconhecidamente tida como um dos textos mais expressivos da constitucionalidade contemporânea, uma vez que inspirado e dirigido com o "objetivo e o propósito de instauração de uma democracia moderna, construída a partir do reconhecimento, como valor primordial, da dignidade da pessoa humana e de seus direitos fundamentais, fiel às exigências e aos mecanismos de um Estado de Direito e do pluralismo político e aberta às instantes tarefas de intervenção e conformação social postas ao Estado do

---

[98] THOMAS, Heinz; PUTZO, Hans. Op.cit., p. 287-288.
[99] Idem, p. 289 e 290.
[100] XAVIER NETO, Francisco de Paula. Op. cit., p.130.
[101] THOMAS, Heinz; PUTZO, Hans. Op. cit., p. 295-297.
[102] Idem, p. 273-274.
[103] CAPPELLETTI, Mauro; GARTH, Bryant. *Acesso...*, p. 32.
[104] THOMAS, Heinz; PUTZO, Hans. Op. cit., p. 276-281.

seu tempo",[105] não confere de forma explícita o direito à assistência jurídica aos necessitados, o chamado *Armenrecht*.

Somente a partir de 1º.1.1981, essa situação progrediu e passou a vigorar a *Gesetz über die Prozesskostenhilfe*, sob a justificativa de que implicaria procedimento discriminatório ao indivíduo a exigência de comprovação acerca de sua condição de pobreza. Com isso, passou-se a não se falar mais em assistência judiciária (*Armenrecht*), mas sim "ajuda de custas" (*Prozesskostenhilfe*), fazendo-se valer, inclusive, de tabelas de valores correspondentes à aferição da real necessidade da parte postulante do benefício.[106]

Registre-se, a par disso, que o benefício da gratuidade judiciária pode abranger a totalidade das despesas do processo para as pessoas mais pobres e, também, a isenção parcial para aquelas que detenham capacidade de suportar algum tipo de encargo processual, como o pagamento de diligências praticadas por oficial de justiça, reembolso de parte dos honorários advocatícios, dentre outros. E, ainda, nessas situações, há possibilidade de o respectivo pagamento ser realizado de forma parcelada em até 48 meses pelo necessitado.[107]

Neste caso, atribui-se como faculdade do magistrado alemão fixar para a demanda um valor inferior ao real conferido, a fim de que seja adequada à condição patrimonial do indivíduo necessitado. Assim, as custas processuais e os honorários advocatícios serão calculados sobre esse valor, frisando-se que tão-somente se beneficia a parte seguramente hipossuficiente, permanecendo para a parte não beneficiária o valor real atinente à demanda. Desse modo, este terá apenas direito ao reembolso das despesas efetuadas, no entanto reduzidas pelo julgador objetivando adequação à capacidade econômica da parte mais pobre vencida.[108]

Referindo a Lei Federal Alemã da Advocacia, cumpre ressaltar que se trata de um encargo para o advogado privado aceitar pres-

---

[105] COSTA, José Manuel M. Cardoso da. Prefácio do Presidente do Tribunal Constitucional Português. In: ROGÉRIO, Nuno. *A Lei Fundamental da República Federal da Alemanha*. Coimbra: Coimbra, 1986, p. 9.

[106] COSTA, José Manuel M. Cardoso da. Op. cit., p.130.

[107] BERIZONCE, Roberto O. La organización de la asistencia juridica – (un estúdio sintético de la legislación comparada). *Revista de Processo*, nº 54, p. 169, 1987.

[108] TROCKER, Nicolò. *Processo Civile e Costituzione, Problemi di diritto tedesco e italiano*. Milano: Giuffrè, 1974, p. 316-317.

tar assistência jurídica judicial ou extrajudicial em prol dos carentes, podendo prestá-las individualmente ou em "Oficinas de Consulta". Contudo o profissional incumbido de assim proceder, não poderá exonerar-se de tal imposição se não houver motivos relevantes para tanto, não estando incluso, dentre estes, alegação de excesso de trabalho.[109]

De outro modo, são acatados como nulos todo e qualquer contrato de honorários advocatícios pactuados diante de tais circunstâncias entre o postulante do benefício da gratuidade judiciária, seja de cunho judicial ou extrajudicial, e o defensor por ela designado para desempenhar o referido trabalho.[110] Ademais, se a parte adversa estiver obrigada judicialmente a reembolsar o beneficiário da assistência judiciária pelas despesas concernentes à defesa de seus direitos, deverá pagar honorários legais ao Estado, e se porventura já tenham sido pagos, estes serão descontados das despesas a cargo do Estado.[111]

A Alemanha encontra-se destacada entre os melhores países quanto à prestação de serviços jurídicos civis, especialmente por se valer de incentivos à efetividade jurisdicional proporcionada, uma vez que atinge bons resultados mediante controle estatal atinente à verba honorária atribuída nas demandas judiciais, que ora são arbitradas basicamente por ínfima fração concernente ao valor da demanda judicial.[112]

2.2. FRANÇA

Os fundamentos da gratuidade de justiça, na ordenação normativa da França, estão previstos no *Code de l'Assistance Judiciaire*, de 22 de janeiro de 1851, como destaca Guilherme Peña de Moraes,[113] da

---

[109] BERIZONCE, Roberto O. Op. cit., p. 169.
[110] PINTO, Robson Flores. *Hipossuficientes Assistência jurídica na Constituição*. São Paulo: LTR, 1997, p. 63.
[111] BERIZONCE, Roberto O. Op. cit., p. 170.
[112] ZUCKERMAN, Adrian A.S. *Reforma dos Sistemas Judiciários Civis*: tendências nos países industrializados. Nota publicada pelo Banco Mundial PREM, Setor Público, Economia do desenvolvimento e rede de redução da pobreza e gestão econômica, n.46, outubro 2000 (Membro da Universidade de Direito, *University College*, Universidade de Oxford).
[113] MORAES, Guilherme Peña de. Op. cit., p. 110.

possibilidade de pleitear perante os juízos e tribunais franceses sem os vultosos gastos impostos pelos serviços administrativos e judiciários. Tal auxílio jurídico ("*aide juridique*") estava baseado na idéia de caridade que deveria ser suportada pelos auxiliares da Justiça e, com algumas alterações, tal sistema vigorou até a Lei n° 72-11, de 03 de janeiro de 1972, que substituiu o auxílio pela assistência (*assistance*), passando a conceder um serviço gratuito sob uma postura moderna de *securité sociale*, no qual o custo dos honorários advocatícios são suportados pelo próprio Estado, o oposto do que ocorria antes, já que o sistema era fundado na caridade e no favor.

O sistema atual busca não só o acesso à justiça (*accés à la justice*) como e principalmente o acesso ao direito (*accès au droit*), e a lei básica que contempla tais institutos é a Lei n° 91-647, de 10 de julho de 1991, complementada pela Lei n° 98-1163, de 18/12/98.[114] A Lei n° 91-647/91 já sofreu inúmeras alterações, que visaram a ampliar o auxílio jurisdicional e o acesso ao direito na França, mas mantém íntegros seus institutos basilares.

Conforme o segundo parágrafo do art. 1°, o auxílio jurídico compreende o auxílio jurisdicional, o auxílio ao acesso ao direito e o auxílio à intervenção de advogado em caso de prisão temporária (*garde à vue*) ou em matéria de mediação ou composição penal.

Dividida em quatro partes, disciplina na primeira parte, dividida em vários títulos, o acesso ao auxílio jurisdicional (*l'accès à l'aide juridictionelle*) e, na segunda parte, também com vários títulos, o auxílio ao acesso ao direito (*aide à l'accès au droit*).

Necessário analisar cada uma dessas formas de acesso previstas na mencionada Lei n° 91-647/91, que, na parte atinente ao auxílio ao acesso ao direito foi alterada pela Lei n° 98-1163, de 18/12/98.

2.2.1. Do acesso ao auxílio jurisdicional

A análise do texto de lei permite-nos visualizar ampla assistência financeira às pessoas, físicas ou jurídicas, que se enquadrarem nas previsões legais.

---
[114] REPUBLIQUE FRANÇAISE. *Les Lois et Règlements*. Disponível na Internet em: http://www.legifrance.gouv.fr. Acesso em 16.03.04.

As pessoas físicas que não possuem recursos suficientes podem postular auxílio integral (*aide totale*) ou parcial (*aide partielle*), conforme o primeiro parágrafo do art. 2. O benefício isentará das despesas (*frais de justice*) que lhe incumbem no processo (honorários e despesas com advogados, oficiais de diligências, procuradores judiciais, peritos etc.), tal qual dispõe o novo Código de Processo Civil francês.

O auxílio se aplica em matéria contenciosa ou não-contenciosa, em todas as jurisdições, sejam civis, penais ou administrativas. Pode ser dado em qualquer momento, até quando houver transação ou na fase de execução, conforme estabelecem os arts. 10 e 11 da lei.

Pode requerer o benefício, o cidadão (pessoa física):

- de nacionalidade francesa ou nacional de um dos Estados-Membros da União Européia (Alemanha, Bélgica, Dinamarca, Espanha, Grã-Bretanha, Grécia, Irlanda, Itália, Luxemburgo, Países Baixos, Portugal, Finlândia, Suécia, Áustria), conforme estabelece o art. 3, primeiro parágrafo.
- ou de nacionalidade estrangeira e residir habitualmente na França, em situação regularizada (art. 3, segundo parágrafo).

Essa condição de residência, no entanto, não é exigida, se o cidadão for menor, testemunha assistida, estiver respondendo criminalmente ou for parte civil ou se enquadrar nas condições especiais previstas nos parágrafos quarto, quinto e sexto do art.3 da Lei 91.647/91.

Também poderão requerer as pessoas jurídicas (*personnes morales*) sem finalidade lucrativa, com sede na França, que não dispuserem de recursos suficientes (art. 2, segundo parágrafo). Também os sindicatos de co-proprietários de imóveis, na forma prevista no parágrafo terceiro do art. 2.

As condições para a obtenção do benefício estão previstas no art. 4 da referida lei: o requerente deve comprovar que a média de seus recursos mensais auferidos no ano civil anterior foi inferior a um certo valor, que variará conforme se trate de ajuda total ou parcial. A cada ano o valor é alterado, conforme prevê o art. 1º do Decreto nº 91-1266/91.

Na redação original, o parágrafo primeiro previa valor não inferior a 5175 F para auxílio jurisdicional total, e 7764 F para auxílio parcial, isto para o ano de 2001. A cada ano o valor é alterado.

Compulsando informações atualizadas da Corte de Apelação de Toulouse, verifica-se que o cidadão que perceber valores mensais inferiores a 788,92 euros poderá alcançar o auxílio total, e aquele que perceber valores entre 988,92 euros e 1183,61 euros, poderá pedir tão-somente o auxílio parcial.[115]

As pessoas beneficiárias de subsídio complementar do Fundo Nacional de Solidariedade (FNS) ou do Rendimento Mínimo de Inserção (RMI) estão dispensadas de justificar a insuficiência de seus recursos.

De acordo com o disposto no art. 6º, os recursos podem ser de qualquer natureza, estando excluídos os provenientes de certas prestações familiares ou sociais conforme previsão por decreto do Conselho de Estado.

Frise-se que, excepcionalmente, o auxílio jurisdicional poderá ser estendido a pessoas que não se enquadram nas condições estabelecidas, ou seja, aquelas que superam os patamares estabelecidos, quando a situação seja digna de particular interesse, tendo em vista o objeto do litígio e os encargos previsíveis do processo (art. 6º).

O benefício será mantido quando for interposto recurso às cortes superiores e também quando verificada a incompetência do foro onde ajuizada a medida, tal qual estabelecem os arts. 8º e 9º da mencionada lei.

O pedido do benefício do auxílio jurisdicional, admissível antes do ingresso em juízo ou após (art. 18), será apresentado por formulário de requerimento, com a lista de documentos a fornecer, juntamente com um impresso de declaração de rendimentos. Após ter preenchido esses documentos e ter-lhes anexado comprovantes, o cidadão deve entregar ou enviar o seu processo, dependendo do caso, ao gabinete de auxílio judiciário, chamado de *Bureau d'aide juridictionelle* estabelecido na sede de cada tribunal de grande instância:

- quer do *Tribunal de Grande Instance* (Tribunal de Grande Instância) do qual depende o seu domicílio;
- quer da Cour de Cassation;
- quer do *Conseil d'Etat* (Conselho de Estado);
- quer da *Comission des recours des réfugiés* (Comissão dos Recursos dos Refugiados).

---

[115] REPUBLIQUE FRANÇAISE. *l'aide juridictionelle*. Disponível na Internet em: http://www.ca-toulouse.justice.fr. Acesso em: 16.03.2004.

A organização dos referidos escritórios (*bureaux*) está minuciosamente prevista nos arts. 12 a 27 da Lei nº 91-647/91 e nos arts. 6º a 32 do Decreto nº 91-1266/91.

O benefício poderá ser retirado, total ou parcialmente, mesmo quando o processo estiver em curso, se o cidadão tiver incorrido em falsas declarações, ou se, depois da apresentação do requerimento para assistência judiciária, tiver auferido rendimentos cujo montante, acaso verificado anteriormente, não permitissem a obtenção do benefício ou ainda, se o processo interposto pelo beneficiário for considerado dilatório ou abusivo, conforme art. 50 da Lei 91-647/91.

A retirada do benefício pode ser postulada por qualquer interessado ou pode ser pedida de ofício. Será pronunciada pelo escritório que concedeu o benefício (art. 51).

2.2.2. Do acesso ao direito

A Lei nº 98-1163, de 18.12.98, visou a dar uma nova dimensão de auxílio ao acesso ao direito, tomando como idéia central o princípio de que cada cidadão deveria poder exigir seus direitos, sem necessidade de recorrer à Justiça. Foram criados os conselhos departamentais de acesso ao direito (CDAD), mas a multiplicidade de intervenientes em matéria de acesso ao direito, da mesma forma que traduz uma riqueza de iniciativas, também obstaculiza a eficaz coordenação das ações sobre o assunto.

Na esfera nacional, foi criado um organismo encarregado de conduzir as políticas de acesso ao direito e solução amigável dos conflitos: o Conselho Nacional de Auxílio Jurídico (*conseil national de l'aide juridique* – CNAJ).

O auxílio ao acesso ao direito está regulado pela Lei 91-547/91, em seus arts. 53 e seguintes.

Estabelece o art. 53 da Lei nº 91-547/91, alterada pela Lei nº 98-1163, de 18.12.98:

Art. 53. O cidadão pode ser ajudado a conhecer e fazer valer os seus direitos, podendo beneficiar-se:
– de informações gerais sobre os seus direitos e obrigações, bem como de orientação para os organismos responsáveis pela para aplicação dos mesmos;
– de auxílio no cumprimento das suas diligências com vista ao exercício de um direito ou à execução de uma obrigação de natureza jurídica;

– de assistência no decurso de recursos não jurisdicionais;
– de consultas em matéria jurídica;
– de assistência na redação e conclusão dos seus atos jurídicos.

É vastíssimo o campo de abrangência dos CDADs na França, tendo em vista a multiplicidade de interesses envolvidos e da participação de inúmeros agentes públicos e organismos (autoridades judiciárias, conselho geral, advogados, notários, associações etc.). Tal situação tem exigido permanentes alterações legislativas, para garantir a efetividade do acesso ao direito, principalmente às minorias desfavorecidas, dentro do que vem sendo denominado como "justiça da proximidade" (*justice de proximité*).

Para se informar ou aconselhar, o cidadão pode dirigir-se ao seu conselho distrital de acesso ao direito (*conseil départemental de l'accès au droit*) ou às instituições competentes (*maisons de justice et du droit*).

O cidadão pode postular o benefício da assistência judiciária, que lhe permitirá ser total ou parcialmente isento do pagamento das despesas que lhe incumbem no âmbito do processo (honorários e despesas com advogados, oficiais de diligências, procuradores judiciais, peritos, etc.) perante um órgão jurisdicional francês.

Para requerer o benefício desta assistência, o cidadão tem de ser:

de nacionalidade francesa ou nacional de um dos Estados-Membros da União Européia (Alemanha, Bélgica, Dinamarca, Espanha, Grã-Bretanha, Grécia, Irlanda, Itália, Luxemburgo, Países Baixos, Portugal, Finlândia, Suécia, Áustria);
ou de nacionalidade estrangeira e residir habitualmente na França, em situação regularizada.

Esta condição, no entanto, de residência, não é exigida se o cidadão for menor, testemunha assistida, inculpado, argüido, acusado, condenado ou parte civil.

Se o cidadão pretender dirigir-se à *Commision des recours des réfugiés* (Comissão dos recursos dos refugiados), deve residir habitualmente na França e ter entrado no país de forma legal, ou ser portador de uma autorização de residência com a duração de, pelo menos, um ano.

O pedido de benefício da assistência jurídica gratuita será apresentado pelo preenchimento de formulário de requerimento, com a lista dos documentos a fornecer, e um impresso de declaração de rendimentos. Após ter preenchido estes documentos e ter-lhes anexado comprovantes, o cidadão deve entregar ou enviar o seu processo, dependendo do caso, ao gabinete de assistência judiciária:

- quer do *Tribunal de Grande Instance* (Tribunal de Grande Instância) do qual depende o seu domicílio;
- quer da *Cour de Cassation* (Supremo Tribunal de Justiça);
- quer do *Conseil d'Etat* (Conselho de Estado);
- quer da *Commission des recours des réfugiés* (Comissão dos Recursos dos Refugiados).

Se o cidadão foi beneficiário do subsídio complementar do Fundo Nacional de Solidariedade (*Fonds National de Solidarité*), do rendimento mínimo de inserção ou, sendo requerente de asilo, do subsídio de inserção, fica dispensado de justificar a insuficiência dos seus rendimentos.

Se o requerimento for indeferido:

- por não estarem preenchidas as condições de rendimentos, o cidadão pode pedir ao gabinete de assistência judiciária que reexamine seu pedido;
- por ser sem fundamento, o cidadão pode contestar essa decisão ao presidente do órgão jurisdicional competente para examinar o seu processo.

Após a concessão da assistência judiciária gratuita, poderá a mesma ser retirada, mesmo após o processo:

- se o cidadão tiver incorrido em falsas declarações;
- ou se, já depois da apresentação do requerimento para assistência judiciária, tiver auferido rendimentos cujo montante, a ter sido auferido no momento dessa apresentação, impedisse a concessão da assistência, ainda que parcial.

Em caso de urgência ou quando o processo faça perigar as condições de vida do cidadão (prisão, expulsão), este pode postular sua admissão provisória à assistência judiciária.

Ainda que a atual Constituição francesa (de 1958) não preveja a assistência jurídica aos hipossuficientes,[116] isso não impediu que ela fosse o primeiro país a tratar do assunto.

Destaca que pelo atual sistema jurídico francês a assistência é prestada em qualquer demanda judicial, voluntária ou contenciosa, inclusive administrativa. Ela alcança não só os hipossuficientes,

---

[116] SOUZA, Silvana Cristina Bonifácio. Op. cit.

como também pessoas portadoras de condição socioeconômica acima do nível de pobreza (ajuda parcial). Seria o Estado que remunera os serviços do advogado, havendo ainda um serviço de assistência extrajudicial voltado à consultoria e informação de direitos.

Reiterando que, embora a assistência jurídica aos carentes não esteja prevista na Constituição francesa,[117] a França foi efetivamente a primeira nação a tratar do assunto por intermédio do "Code de L'Assistence Judiciaire", editado em 21.1.1951, revogado pela nova "Lei de Ajuda Judicial", de 3.1.1972, modificada em 1974, 1975, 1982 e 1984 e regulamentada pelo Decreto n° 72.809, de 1°.9.1972, que substituiu o velho sistema de "assistência judiciária" anterior, "assentado em princípios de caridade e favor, por uma ajuda legal que representa uma efetiva resposta à necessidade de justiça social".

2.3. GRÉCIA

Na Grécia, não existia nenhuma forma de assistência jurídica (quer se trate de consulta jurídica gratuita ou de representação gratuita por parte de um advogado) nos casos em que se pretendia interpor um recurso contra ato administrativo, seja ele contra uma entidade administrativa ou contra uma autoridade judicial.

As únicas possibilidades existentes eram no âmbito de litígios entre particulares, em que o interessado podia requerer isenção do pagamento das custas do processo quando demonstrasse não dispor de recursos financeiros suficientes, ou relativamente a questões penais, em que se podia requerer ao tribunal local que nomeasse um advogado de defesa.

Ocorre que entrou em vigor a Lei n° 3.226, de 4.2.2004, que trata da prestação de ajuda jurídica a cidadãos de baixa renda e outras disposições, sendo beneficiários da referida ajuda, segundo estabelece o art. 1°, os cidadãos de países-membros da União Européia, bem como os nacionais de baixa renda de países terceiros ou sem nacionalidade que residem legalmente na União Européia.

O item 2 do referido art. 1° conceitua cidadãos de baixa renda como aqueles cuja renda familiar anual não exceder a dois terços

---
[117] PINTO, Robson Flores. Op. cit., p. 65.

do rendimento individual anual previsto pelo Contrato Coletivo de Trabalho em nível nacional, e no caso de conflito de interesses entre membros da mesma família, a renda daquele com o qual existe o conflito não é considerada para efeitos de deferir ou não a ajuda jurídica.

A ajuda jurídica é prestada após pedido do beneficiário que relata resumidamente o objeto da ação ou ato e os dados que certificam os pré-requisitos para a mencionada prestação da ajuda. No pedido, são anexados os documentos justificativos necessários que provêm a situação financeira e a residência ou domicílio, este no caso de cidadãos de outros países. O pedido e os documentos probatórios são apresentados pelo menos quinze dias antes da audiência ou do dia fixado para o ato, para os quais é pedida a ajuda jurídica. O prazo pode ser diminuído no caso de necessitar posteriores citações. Para tal procedimento inexiste cobrança de taxas e não é obrigatória a presença de advogado.

Para ser aceita a demanda é suficiente a presunção. O responsável pelo exame dos documentos pode interrogar testemunhas e o requerente, com ou sem juramento, concentrando cada informação necessária para citar a parte adversária. A aceitação ou recusa da demanda deve ser justificada, podendo haver nova demanda no caso de mudança das circunstâncias reais.

No caso de nomeação de advogado, a escolha é feita com base nas listas feitas pela Ordem dos Advogados local. Cada Ordem estabelece uma lista mensal dos advogados em serviço no mês seguinte, em separado os casos penais e os casos civis e comerciais, e, posteriormente, envia para o tribunal local. Também envia lista diária de advogados para a prestação de ajuda jurídica nos atos de interrogatório de flagrante delito. Caso algum advogado negue atendimento ou abandone suas funções de defensor sem motivo justificado, seu nome é excluído da mencionada lista e não poderá no futuro ser inscrito na mesma, segundo entendimento e julgamento do juiz que preside o tribunal, que ainda relatará o fato e enviará para a Ordem dos Advogados local.

A escolha do advogado que irá realizar o atendimento é por ordem alfabética, e em caso do não-envio da lista diária, a escolha do profissional será realizada pela lista mensal. Em caso do não-envio da lista mensal, a escolha será realizada entre todos os advogados inscritos na Ordem dos Advogados local, que, no Brasil, chamaríamos de Subseção.

O art. 3º da lei helênica de ajuda jurídica ainda estabelece que cada advogado pode tratar de somente um caso, e que o mesmo tem a obrigação de aceitar e de executar a ordem sem receber honorários.

O art. 4º da referida lei estabelece as hipóteses de cessação, limitação e revogação da ajuda jurídica. A ajuda cessa com a morte do beneficiário e pode ser limitada ou revogada por decisão do juiz competente de ofício ou após demanda do promotor público, uma vez que for provado que os pré-requisitos necessários à referida ajuda foram modificados. Com a revogação, poderá ser imposta ao demandante uma pena pecuniária de 15 a 150 euros, e essa mesma pena pecuniária não influirá na obrigação de pagar as custas e despesas das quais ficara isento.

A legislação grega também prevê o aconselhamento jurídico, no artigo 5º da Lei nº 3.226, que pode ser prestado, nos casos cíveis, pelos juízes de plantão, pelos quais os interessados são informados da possibilidade de ajuda jurídica.

A autoridade competente para examinar a demanda, conforme estabelece o artigo 8º da lei supra-referida, é o juiz de paz, o juiz do Tribunal de 1ª Instância ou o presidente do tribunal. Contra as decisões destes cabe apelo ao Tribunal de 1ª Instância, que será julgado por cinco membros, no prazo de cinco dias.

Sendo deferido o pedido de ajuda jurídica, a prestação da mesma compreenderá a isenção de pagamento de parte ou de todas as despesas do procedimento e, caso seja pedido, a nomeação de advogado, que valerá como procuração, notário e oficial de justiça, com a ordem de defender e representar o beneficiário e prestar a ajuda necessária para serem executados os atos devidos.

A citada lei grega também prevê que anualmente seja inscrito crédito especial no Orçamento do Ministério da Justiça para cobertura dos honorários de advogados e demais profissionais que prestam a ajuda jurídica. Por decisão dos Ministérios da Fazenda e da Justiça é designado o montante dos honorários dos advogados, notários, oficiais de justiça e outros profissionais que prestam assistência jurídica, bem como o modo e o procedimento de recebimentos dos honorários.

Quanto ao aconselhamento jurídico nos casos penais, pode ser prestado pelos promotores públicos de plantão e promotores públicos nas casas prisionais, e a autoridade competente para o exame da demanda em casos penais é o presidente do tribunal local.

Advogados de defesa são nomeados em favor de réus acusados de crimes, na fase de instrução e durante a audiência; acusados de delitos de competência do Tribunal de 1ª Instância para os quais é prevista uma pena de prisão de pelo menos seis meses; para recursos contra decisões do Tribunal Criminal de 2ª Instância, Tribunal do Júri, Tribunal Delitual de 1ª Instância e presença nas audiências correspondentes quando a decisão de 1ª Instância condenou à pena mínima privativa de liberdade de seis meses, e para pedidos de cassação contra decisões dos tribunais citados, uma vez que a decisão condenou à pena mínima de um ano.

Nos casos penais, o beneficiário tem a obrigação de aceitar o advogado nomeado, e a nomeação deste é válida até o término do procedimento na mesma Instância e para a elaboração dos recursos. Os pré-requisitos para a prestação de ajuda jurídica em casos de apelos ou outros meios de recursos são: serem estes legais e aceitáveis.

O artigo 194 do Código de Processo Civil grego denomina de Benefício de Indigência a concessão da assistência judiciária gratuita aos hipossuficientes e esta é concedida a quem não tiver condições de pagar as despesas judiciais sem se privar dos meios indispensáveis à sua sobrevivência e à de sua família, desde que a causa não seja claramente ilegal.

O referido benefício pode ser concedido também a pessoas jurídicas de utilidade pública ou sem fins lucrativos, assim como a grupos de pessoas que possuam capacidade jurídica, se comprovarem que com o pagamento adiantado das despesas judiciais terão dificuldades no cumprimento de seus objetivos. Tal dispositivo também se aplica às companhias limitadas e cooperativas, uma vez que o pagamento das despesas não pode acontecer por seus caixas nem por seus membros, sem limitar os meios indispensáveis à sobrevivência destes e de suas famílias.

O artigo 195 estabelece que é permitido ser concedido o benefício de indigência também a estrangeiros, sob a condição de reciprocidade entre seu país de origem e a Grécia, ou a pessoas que comprovadamente não tenham nacionalidade, nos mesmos termos válidos aos gregos.

O benefício é concedido após pedido formulado ao juiz de paz, do juiz de direito ou do presidente do tribunal perante o qual a ação está pendente ou será ajuizada, e, se tratar de ações não relacionadas com o processo, do juiz de paz do lugar de residência do demandante.

O pedido ao benefício deve conter resumidamente o objeto da ação e do ato, os meios de prova que existam para o caso principal, bem como os elementos que certificam a ocorrência dos pré-requisitos do artigo 194, que a causa seja aceitável e não-ilegal.

Ao pedido formulado devem ser anexados: a) atestado gratuito do prefeito ou do presidente da comunidade do domicílio ou da residência permanente do demandante, que comprove a situação profissional, econômica e familiar; b) atestado gratuito da Secretaria da Fazenda do domicílio ou da residência permanente do requerente que comprove que o mesmo entregou nos últimos três anos a declaração do imposto de renda ou de qualquer outro imposto direto; c) atestado gratuito do Ministério da Justiça que comprove a existência de reciprocidade entre a Grécia e o país de origem do requerente estrangeiro.

Quando o pedido for julgado, de acordo com o artigo 197, não é obrigatória a presença do advogado e poderá ser ordenada a citação da parte adversária do demandante. Para a aceitação da ação a probabilidade é suficiente, o tribunal poderá, porém, demandar de ofício provas complementares, interrogar testemunhas, bem como o demandante com ou sem juramento, e requerer informações do juiz do caso e opinião de advogado sobre se o processo se apresenta visivelmente injusto. O juiz que julga a demanda, quando ordenar a citação da parte adversária do demandado, poderá determinar que o julgamento do pedido continue gratuitamente.

O benefício, de acordo com o art. 198, é concedido separadamente para cada processo, é válido para cada grau de jurisdição, para cada tribunal e compreende a execução obrigatória da sentença.

Quem é beneficiado com a concessão do benefício da gratuidade está provisoriamente isento da obrigação de versar as despesas judiciárias e despesas do procedimento em geral, especialmente das taxas de selagem, do depósito judiciário, taxa da sentença e seus aumentos, dos honorários do cartório e oficiais de justiça, das testemunhas e peritos, dos honorários dos advogados e outros procuradores judiciais, bem como da obrigação de garantia e de suas despesas. De outra forma, a decisão que concede tal benefício pode determinar que o beneficiado esteja provisoriamente isento do pagamento apenas de uma parte das despesas referidas, e não de todas.

Com a concessão do benefício postulado e a posterior nomeação do advogado, tabelião, oficial de justiça, estes têm a obrigação de aceitar a ordem e de prestar assistência ao beneficiado sem pretensão de pagamento de honorários. O art. 200 também determina que a nomeação de advogado com sentença é válida como procuração judicial.

Tal benefício cessa com a morte da pessoa ou com a liquidação da pessoa jurídica ou da associação de pessoas. Atos que eventualmente não podem ser adiados podem ser feitos também posteriormente com base no benefício concedido. Também pode ser cancelado ou limitado pela sentença, após proposição do promotor público ou também de ofício no caso de ser comprovado que os requisitos de sua concessão ou não existiam desde o início ou cessaram de existir posteriormente.

Se as partes ou seus representantes legais conseguiram o benefício da gratuidade por meio de declarações falsas, o juiz que decide o cancelamento do benefício os condenará em multa, sem excetuar-se a obrigação do pagamento do montante do qual estavam isentos, nem a condenação penal dos mesmos.

2.4. ITÁLIA

A Constituição italiana de 1948, com emendas posteriores, em 9 de fevereiro de 1963, 27 de dezembro de 1963 e 22 de novembro de 1967, prevê em seu art. 24 a proteção ao hipossuficiente, *in verbis*: "São assegurados, a quem não tenha recursos, mediante adequados institutos, os meios para defender-se perante qualquer jurisdição", considerando a "defesa um direito inviolável de cada cidadão".[118]

Caberá a uma comissão o recebimento dos pedidos de concessão de assistência, que são formais, e exigem a possibilidade de êxito na demanda. Tal comissão foi criada pelo Decreto-Lei nº 3.282, de 1923, e é formada por um magistrado, dois membros do Ministério Público e um membro da Ordem dos Advogados, que analisa o pedido formulado e o concede ou não.[119]

Além da análise do estado de pobreza, deve estar presente o *fumus boni iuris*,[120] ou seja, um exame acerca das razões que a parte pobre espera fazer valer em Juízo. Nesse exame, existe a participação da parte adversária, que pode apresentar, perante a comissão, sua contestação por escrito. Portanto, a parte hipossuficiente mostrará suas próprias razões e provas ao adversário, antes mesmo do processo. A causa da parte pobre estará sujeita de tal modo a este juízo preliminar realizado por um juiz diverso do "natural", isto é, por uma comissão que não é dotada dos requisitos de independência, imparcialidade, etc., que caracterizam um verdadeiro e próprio tribunal de justiça. Por fim, a parte que teve concedido o benefício do patrocínio gratuito, se vencida em primeiro grau, não poderá apresentar uma impugnação sem ter obtido nova admissão da comissão competente. Mauro Cappelletti assevera que:

> Por um lado, para poder actuar y vencer la propia causa, la parte pobre debe vencerla dos veces – la primera ante el juez *innatural*, o sea ante la comisión, y la segunda, ante el verdadero y próprio tribunal-; por outro lado, para perder definitivamente la propia causa, a la parte pobre le basta perdela uma sola vez: la garantia de la doble instancia de jurisdicción y aquella outra por el art. 111 de la Constitución, del recurso de casación, no valen para los pobres de la misma manera que para los ricos. La justicia qué diantre! Es igual para todos: pero es um poco más igual para los ricos y um poco menos para los pobres.[121]

O advogado que presta o serviço ao hipossuficiente só receberá os honorários advocatícios se for vencedor no processo, pois o patrocínio da causa dos pobres seria um dever honorífico e obrigatório da classe dos advogados, e não do Estado, o que estaria contrariando

---

[118] PINTO, Robson Flores. Op. cit., p. 51.
[119] SOUZA, Silvana Cristina Bonifácio. Op. cit., p.109.
[120] CAPPELLETTI, Mauro. La justicia de los pobres. In: ——. Processo, Ideologias, Sociedad. Trad. Santiago Sentis Melendo y Tomás A. Banzhaf. Buenos Aires: Ejea, 1974, p. 144.
[121] Idem, p. 144/145.

preceitos internacionais. Nesse aspecto, o sistema italiano é arbitrário, pois não permite o acesso dos pobres ao Poder Judiciário, deixando a Justiça desacreditada aos homens e levando os mesmos à solução pela autotutela.[122]

Nesse sentido, Mauro Cappelletti, ao examinar o sistema, o rotulou de "facista", porquanto "se basa em la hipócrita solución del 'deber honorífico' de la profesión forense de defender a la parte pobre gratuitamente (...)".[123]

> Datos bastante concretos y precisos pueden indicar las enormes dimensiones de este problema "social". Tomemos por ejemplo como punto de arranque el modo en que los diversos ordenamientos encaran hoy el problema de la justicia civil para los pobres. (...) Se trataba de soluciones bastante similares entre ellas, soluciones que, especialmente en Francia y em Italia, están prácticamente aún hoy em vigor. Estas soluciones están basadas esencialmente em la idea del así llamado "deber honorífico" de la profesión forense de defender a los pobres en juicio gratuitamente. La parte no habiente deberá naturalmente demonstrar su condición de pobreza, y también la seriedad de su pretensión o defensa (el así llamado *fumus boni iuris*); pero una vez demostrado todo esto, vendrá a encontrarse en una situación de igualdad respecto a la parte rica: defensa gratuita, justicia gratuita – *justicia para todos*.
> Es hasta demasiado obvio, empero, que en una economía de mercado las prestaciones hechas sin compensación tienden a ser de pobre calidad. *Pobre defensa para la parte pobre!*... Es así que, por ejemplo, em Francia se ha ido afirmando la regla, generalmente aceptada, de que el "deber honorífico" grava solamente a los *stagiaires*, los abogados jóvenes e inexpertos; los expertos generosamente renuncian al honor, y prefierien al cliente que paga. Se añade el hecho de que, a fin de demostrar la pobreza y, aun más, el *fumus boni iuris*, la parte pobre inhábil, iletrada, ha menester de asesoramiento y asistencia legal. Aun hoy em Italia la instancia de admisión al beneficio de patrocínio gratuito debe redactarla el pobre por escrito, en papel sellado, para presentarse a la comisión "competente" para el patrocinio gratuito, mientras que el *fumus boni iuris* debe ser demostrado mediante una "clara y precisa" indicación no solamente "de los hechos", sino también "de los médios legítimos de prueba" como asimismo "de las razones" de derecho que el pobre tiene la intención de hacer valer em juicio. En otras palabras: para estar en condición de solicitar el beneficio de un abogado gratuito, la parte pobre tiene ya necesidad de um abogado![124]

Na Itália, vigora o sistema do patrocínio gratuito, introduzido no ano de 1865 e que até hoje está substancialmente inalterado.[125] O

---

[122] SOUZA, Silvana Cristina Bonifáceo. Op. cit., p. 109.
[123] CAPPELLETTI, Mauro. Op. cit., p. 134.
[124] Idem, p. 68/69.
[125] DENTI, Vittorio. *Evoluzione dell'assistenza giudiziaria*. In: ──. *Processo Civile e Giustizia Sociale*. Milano: Edizioni di Comunità, 1971, p. 35.

governo apresentou à Câmara, em 1968, um projeto de lei, prevendo a prestação da assistência por profissionais liberais, cabendo ao Estado recompensá-los pelos hipossuficientes assistidos. O projeto conduzido tem sido objeto de comentários, pelo reconhecimento ao substancial avanço que isso representa no que diz respeito ao sistema vigente, certamente inadequado em relação ao preceito do art. 24 da Constituição, que impõe assegurar "aos que não possuem recursos, mediante adequados institutos, meios para defender-se perante todas as jurisdições".

Há entendimento de ser lamentável a falta de previsão das formas de consultas legais, principalmente na atualidade, pela ausência de escritórios públicos, devendo ser questionada a inidoneidade de um sistema fundamentado exclusivamente na profissão liberal a resolver os problemas da tutela dos que não possuem recursos. Particularmente devido ao deslocamento da população que requer uma descentralização dos escritórios de assistência.[126]

2.5. PORTUGAL

A proteção jurídica em Portugal se reveste das modalidades de consulta jurídica e apoio judiciário.

Têm direito à proteção jurídica as pessoas que comprovem não dispor de recursos econômicos suficientes para pagarem a advogado ou custear total ou parcialmente as despesas do processo.

O pedido é feito no processo no qual se torna necessário o apoio judiciário e é deferido, pelo juiz, ouvida a parte contrária. Será o mesmo deferido sendo verificadas as condições de insuficiência econômica alegada.

O Ministério da Justiça dispõe de vários escritórios de consulta jurídica gratuita com vista à gradual cobertura de todo o país.

Também as pessoas com personalidade jurídica podem recorrer a estes sistemas, devendo para o efeito recorrer aos gabinetes de consulta espalhados pelo país.

---

[126] DENTI, Vittorio. Op. cit., p.35.

Os estrangeiros e apátridas que residam em Portugal gozam de direito à proteção jurídica, nas condições acima indicadas, que são exigidas aos cidadãos portugueses.

A Constituição da República Portuguesa, de 1976, estabelece, em seu Artigo 20º, números 1 e 2, o seguinte:

Artigo 20º
(Acesso ao direito e tutela jurisdicional efetiva)
A todos é assegurado o acesso ao direito e aos tribunais para defesa dos seus direitos e interesses legalmente protegidos, não podendo a justiça ser denegada por insuficiência de meios econômicos.
Todos têm direito, nos termos da lei, à informação e consulta jurídicas, ao patrocínio judiciário e a fazer-se acompanhar por advogado perante qualquer autoridade.
(...)

Inexiste serviço de "assistência judiciária" a cargo do Estado, em Portugal,[127] sendo esta exercida por advogados livremente nomeados pelas Cortes de Justiça, dentre os profissionais inscritos pela Ordem dos Advogados e pela Câmara dos Solicitadores, abrangendo todas as áreas de atuação profissional, sem limitações, desde que comprovada a situação de pobreza do interessados, mediante declaração firmada por ele, de que não dispõe de recursos para custear a demanda, sem prejuízo de seu sustento e de sua família.

De outra forma, não pode ser denegada a Justiça por insuficiência de fundos da parte que postula,[128] pois o acesso aos tribunais para defesa dos próprios direitos é assegurado a todos, sendo os advogados nomeados livremente pelos Tribunais e recebendo sua remuneração pelo Estado.

Para fazer jus ao benefício, basta o hipossuficiente declarar que não dispõe de recursos para custear a demanda, sem prejuízo, é lógico, do próprio sustento e da família.

A proteção estatal é imposta a todos aqueles cujas circunstâncias patrimoniais colocarem em situação de desigualdade[129] quanto a recurso aos órgãos jurisdicionais, como forma efetiva de intervenção do Estado na vida social, em ordem à realização do Direito e da Justiça.

---

[127] PINTO, Robson Flores. Op. cit., p. 60.
[128] SOUZA, Silvana Cristina Bonifácio. Op. cit., p. 111.
[129] MORAES, Guilherme Peña de. Op. cit., p. 107.

A sistemática lusitana não tratou a matéria em nível de organismo estadual, perseverando o patrocínio oficioso, em favor dos hipossuficientes, exercido por advogados e/ou solicitadores do foro, nomeados pelo juiz, atendidas as escalas que tenham sido organizadas pela Ordem dos Advogados e Câmara dos Solicitadores, as indicações dos pretendentes e as normas regulamentares, extensivo a todas as jurisdições e independente da viabilidade da pretensão deduzida em juízo.[130]

E refere a semelhança da atual legislação portuguesa, quanto à gratuidade de justiça, com a Lei n° 1.060/50, de 5.2.1950, que disciplina a matéria no Brasil. Assim, aceita um sistema de justiça provisoriamente gratuito, isto é, a dispensa de encargos relativos às atividades processuais e forenses em tutela dos necessitados de tal auxílio não se mantém se o beneficiário adquire posteriormente meios de fortuna que lhe permitam pagar os serviços dos tribunais e de seus patronos.[131]

Em outras palavras, esclarece que no sistema adotado em Portugal o favorecido, findo o processo, fica constituído em dívida não só dos honorários do seu advogado e/ou solicitador, mas também em relação às custas, quando resulte vencido ou, excepcionalmente, segundo as disposições gerais, as deva como vencedor. Todavia o débito só lhe será exigível no caso de superveniência de bens que ensejem a satisfação em condições que não contradigam a razão de ser da obtenção da gratuidade por parte do hipossuficiente.[132]

O art. 20° da Constituição portuguesa passou a conter uma inovação em direito comparado,[133] pois proclamou o acesso ao direito na sua epígrafe, ligando este título ao próprio texto, pois se reporta ao n° 1: "Todos têm direito à informação e à proteção jurídica, nos termos da lei". Tinha em vista aproximar o direito da vida dos cidadãos, depurando-o do hermetismo que enfraquece o seu sentido humano, o que deixaria de ser uma "sobrecarga acidental". No entanto, presentes objetivos pragmáticos imediatos, para que o "direito dos direitos" ganhasse forma e efetiva viabilidade, seriam necessárias ações de informação e de proteção jurídica, pré ou parajudiciária,

---

[130] MORAES, Guilherme Peña de. Op. cit., p. 108.
[131] Idem, Ibidem.
[132] Idem, Ibidem.
[133] LEITÃO, Helder Martins. *Acesso ao Direito e aos Tribunais*. Porto, Portugal: Elcla, 1988, p. 7.

para além da reconversão dos esquemas do que classicamente se chamava de assistência judiciária.[134]

Destaca o Decreto-Lei n° 387-B/87, de 29 de dezembro, que o sistema de acesso ao direito e aos tribunais se destina a promover que a ninguém seja dificultado ou impedido, em razão de sua condição social ou cultural, ou por insuficiência de meios econômicos, de conhecer, fazer valer ou defender os seus direitos (Art. 1°, § 1°). E que para concretizar esses objetivos referidos serão desenvolvidas ações e mecanismos sistematizados de informação jurídica e de proteção jurídica (Art. 1°, § 2°).[135]

Para o referido autor, há assim a chamada garantia da via judiciária, conferindo a cada um dos cidadãos a defesa dos seus direitos, tanto contra particulares como contra os poderes públicos. E a via judiciária consiste no recurso a um tribunal, que poderá ser o que em cada caso concreto se enquadra nas disposições legais da competência.[136]

O art. 2° do mencionado decreto-lei prevê que a garantia de acesso ao direito e aos tribunais constitui uma responsabilidade conjunta do Estado e das instituições representativas das profissões forenses, pelos dispositivos de cooperação, e compreende a informação jurídica e o sistema de proteção jurídica.[137]

Também faz referência ao Decreto-Lei n° 391/88, de 26 de outubro, em que a informação e a consulta jurídica ganham efetivo sentido. O apoio judiciário adquire, e pela primeira vez, uma feição tendente a possibilitar a todos os cidadãos um claro e inequívoco direito de lutar pelos seus legítimos interesses.

Houve alteração em relação ao regime do acesso aos direitos e aos tribunais, por via da Lei n° 30-E/2000 e da Portaria n° 1200-C/2000, ambas de 20 de dezembro, atribuindo aos serviços de segurança social a apreciação dos pedidos de concessão do apoio judiciário. A proteção jurídica é o sistema de emanação constitucional e consagração legal que visa a promover que a ninguém se dificulte ou impeça, em razão da sua condição social ou cultural, ou por insu-

---

[134] LEITÃO, Helder Martins. Op. cit., p. 7.
[135] Idem, p. 9.
[136] Idem, p. 10.
[137] Idem, p. 11.

ficiência de meios econômicos, de conhecer, fazer valer ou defender os seus direitos.[138]

A proteção jurídica compreende duas modalidades:

- informação jurídica, nos termos do art. 4º da Lei do Apoio Judiciário – procura tornar conhecido o direito e o ordenamento legal, proporcionando um melhor exercício dos direitos e o cumprimento dos deveres legalmente estabelecidos, designadamente pela criação gradual de serviços de acolhimento nos tribunais e serviços judiciários;[139]
- proteção jurídica, nos termos do art. 6º da Lei do Apoio Judiciário, que integra:
  b.1. consulta jurídica – a cargo de gabinetes que devem atender todo o território nacional e aos quais os cidadãos podem recorrer para, gratuitamente, receber orientação jurídica de profissionais do foro. A consulta jurídica pode envolver a realização de diligências extrajudiciais ou comportar mecanismos informais de conciliação;
  b.2. apoio judiciário, que tem as seguintes modalidades:[140]
  b.2.1. dispensa, total ou parcial, de taxa de justiça e demais encargos com o processo;
  b.2.2. adiantamento do pagamento da taxa de justiça e demais encargos com o processo;
  b.2.3. nomeação e pagamento de honorários de patrono ou, em alternativa, pagamento de honorários a patrono escolhido pelo requerente.

Os beneficiários da proteção jurídica (consulta jurídica e apoio judiciário) são os seguintes:[141]

- cidadãos nacionais e da União Européia que demonstrem não dispor de meios econômicos suficientes para suportar os honorários dos profissionais forenses e para custear, total ou parcialmente, os encargos normais de um processo judicial;
- estrangeiros e apátridas que residam habitualmente em Portugal;
- estrangeiros não residentes em Portugal, na medida em que a proteção jurídica seja igualmente concedida aos portugueses pelas leis dos respectivos Estados;
- pessoas coletivas e sociedades que provem não dispor de meios econômicos suficientes para suportar os honorários dos profissionais forenses e para custear, total ou parcialmente, os encargos normais de um processo judicial;
- sociedades e comerciantes em nome individual, nas causas relativas ao exercício do comércio, e os estabelecimentos individuais de responsabilidade limitada quando a taxa de justiça e os demais encargos com o processo sejam de montante consideravelmente superior às suas possibilidades econômicas aferidas em função do volume de negócios, do valor do capital ou do patrimônio e número de trabalhadores.

---
[138] COSTA, Salvador da. *O Apoio Judiciário*. Coimbra: Livraria Almedina, 2001, p. 9.
[139] Idem, p. 25.
[140] Idem, p. 29.
[141] Idem, p. 29-30.

Quanto às pessoas a quem não pode ser concedido tal benefício, o artigo 30° da Lei do Apoio Judiciário estabelece:[142]

- às pessoas que não reúnam as condições legais para o requerer;
- às pessoas a respeito das quais haja fundada suspeita de que alienaram ou oneraram todos ou parte dos seus bens para se colocarem em condições de obter o mesmo;
- aos cessionários do direito ou objeto controvertido, ainda que a cessão seja anterior ao litígio, quando tenha havido fraude.

---

[142] COSTA, Salvador da. Op. cit., p. 131.

3. Das ordenações à Defensoria Pública

3.1. PERÍODO COLONIAL

As primeiras normas escritas no Brasil atinentes à assistência judiciária foram alinhadas[143] nas Ordenações Filipinas, Livro III, Título LXXXIV, § 10, promulgadas em 1603,[144] que vigoraram no Brasil até o Código Civil de 1916. Foi mantida a dispensa do "preparo" do agravo ordinário – desde que a parte rezasse em audiência pela alma d'*ElRey* Dom Diniz – e dos recursos de revista – ficando a critério do rei dispensar ou não a parte do pagamento. A alegação de suspeição do juiz era condicionada ao oferecimento de caução, de valor variável conforme a hierarquia do magistrado, mas o pobre era isento desta caução.[145]

Muitas eram as fontes em que as Ordenações Filipinas podiam ter ido buscar amplitude para os seus intentos ao inserir normas a respeito do socorro jurídico ao necessitado.[146] No tempo do Império Romano, "pelo alargamento dos tribunais e a organização das *quaestiones perpetuae*, os litigantes tinham de contribuir para as despesas que esses serviços demandavam, pagando as custas dos processos". Lembrou que o Imperador Constantino ordenou que os pobres fossem defendidos gratuitamente, dando relevância aos cuidados dessa defesa, que, para evitar as injurias e perseguições dos poderosos,

---

[143] BARBOSA, Ruy Pereira. Op. cit.,, p. 41.
[144] ALMEIDA, Candido Mendes de. *Codigo Philippino ou Ordenações e Leis do Reino de Portugal.* 14. ed. Rio de Janeiro: Typographia do Instituto Philomathico, 1870, p. 695.
[145] MARCACINI, Augusto Tavares Rosa. Op. cit., p. 7-8.
[146] ZANON, Artemio. Op. cit., p. 1.

determinou que as causas dos pobres fossem levadas em primeira instância ao próprio Imperador.

Na obra *O Advogado*,[147] destaca o autor que em todos os tempos, entre os povos civilizados, tem sido admitida a gratuidade dos serviços forenses aos miseráveis e indigentes. Um sentimento de humanidade e compaixão determina que seja facilitada àqueles desprovidos dos meios pecuniários a defesa de seus direitos. A justiça não pode ser um privilégio dos ricos e deve estar ao alcance de todos. Para os que podem pagar, é muito justo que lhes exijam as taxas e custas que os processos acarretam. Mas, quando se trata de pessoa que não pode pagar, vem em seu socorro o instituto da gratuidade de justiça, isentando a parte de tais despesas e dos honorários advocatícios.

3.2. PERÍODO IMPERIAL

Nesse período, a Lei nº 261, de 03 de dezembro de 1841, dispensou o réu pobre do pagamento das custas, tendo sido a referida lei instrumentalizada pelo Regulamento 120, de 31 de janeiro de 1842, que, da mesma forma, favoreceu os réus pobres. Tal medida também foi adotada na Lei nº 150, de 09 de abril de 1842, isentando o litigante de pagar o dízimo de Chancelaria.

Joaquim Nabuco, em 1870, foi eleito Presidente do Instituto da Ordem dos Advogados e, ciente de que os movimentos da assistência judiciária estavam preocupando Itália, França, Bélgica e Holanda, promoveu a primeira iniciativa, em nosso país, na questão da assistência ao pobre no processo, tendo, para isso, proposto amplo debate, alegando que o Instituto se encarregasse de dar consultas aos pobres e defendê-los por intermédio dos membros do Conselho ou do Instituto, tendo em vista de que inexistia uma lei sobre a assistência judiciária.

Também lembrou:

> 1º Que se publique um edital declarando que o Instituto presta assistência aos indigentes nas causas cíveis e crimes, dando consultas e encarregando a defesa dos seus direitos a algum dos membros do Conselho, ou do Instituto, devendo os preten-

---

[147] SOUZA, Mario Guimarães de. Op. cit., p. 310.

dentes dirigir os seus requerimentos ao Presidente do Instituto, acompanhados do certificado de indigência passado pelo pároco, juiz de paz ou subdelegado; 1º Que se oficie aos juízes de direito do crime comunicando-lhes que, a deliberação do Instituto e pedindo-lhes que, convocada uma sessão do júri, se dignem remeter ao presidente do Instituto a relação dos processos que carecem de assistência, afim de se nomear os advogados respectivos; 3º Que nas causas cíveis, vindo algum indigente pedir a assistência do Instituto, o presidente nomeie um advogado, que, ouvindo-o, faça um relatório do fato e der seu parecer sobre o direito que lhe assiste; que à vista deste relatório, concedendo o conselho a assistência, encarregue o mesmo advogado, ou outro de tomar a causa do indigente; que o advogado da causa dará parte ao conselho de todas as ocorrências para se providenciar como for conveniente; 4º Que vindo alguma consulte e reconhecida a indigência da pessoa que a apresentar, o presidente nomeará um dos membros do Conselho para responder a ela, sendo o parecer discutido e decidido pelo Conselho.

Mas Alfredo Balthazar da Silveira destaca que foi em 1880, quando se concentravam as atenções dos políticos e publicistas para a reforma eleitoral, concretizada no Decreto de 9 de janeiro de 1881, que o Instituto dos Advogados Brasileiros voltou novamente a ocupar-se da assistência judiciária, ficando encarregados de exercê-la Batista Pereira, Busch Varela e Leitão da Cunha. Apareceram alguns embaraços à dita comissão, pois, na sessão de 14 de março de 1882, Tomás Alves solicitou a nomeação de um grupo de advogados que tomem a si a defesa de réus desvalidos que tinham de responder a júri, no intuito de coibir os abusos que escandalizavam a tribuna criminal. O Decreto nº 2.457, de 8 de fevereiro de 1897, assinado por Manoel Vitorino Pereira, Vice-Presidente em exercício e referendado por Amaro Cavalcanti, Ministro da Justiça, representava uma legítima conquista do Instituto dos Advogados Brasileiros. E a instalação da Assistência Judiciária, oficializada pelo Decreto acima mencionado, revestiu-se de solenidade adequada à sua alta finalidade cristã.

Seria o abolicionista A. A. Perdigão Malheiros quem inicialmente acendeu a idéia em prol dos necessitados quando, na alentada obra que dedicou aos negros, *A Escravidão no Brasil* (Rio de Janeiro, 1866), no primeiro dos três volumes ocupou-se dos aspectos jurídicos da malsinada instituição de outrora.[148] Dava-se, então, advogado ao negro quando a questão de sua liberdade era posta em juízo, sendo, geralmente, isento o negro das custas do litígio.

---
[148] ZANON, Artemio. Op. cit., p. 4.

3.3. PERÍODO DA PRIMEIRA REPÚBLICA

3.3.1. Código de Processo Civil de Pernambuco

No Código de Processo Civil e Commercial do Estado de Pernambuco, Lei nº 1.763, de 16.6.1923,[149] o art. 48 estabelecia que o pretendente se dirigisse por petição ao juiz, alegando e provando *incontinenti* a sua condição legal de pobreza ou protestando produzir prova dentro de três dias seguintes, apresentando os documentos comprobatórios de sua pretensão. Se a assistência fosse pedida pelo réu, ou mesmo pelo autor depois de proposta a ação, correria em autos apartados sem suspensão da causa. Julgaria o juiz, então, o pedido, nomeando o advogado, no caso de deferimento.

No referido Código supramencionado, a assistência judiciária estava prevista no Capítulo V[150] e permitia que as pessoas pobres, sem os meios pecuniários para fazer valer os seus direitos em juízo, pudessem postular o benefício da gratuidade de justiça, que consistia na isenção do pagamento de selos, taxas e custas do processo; gratuidade das certidões necessárias para prova dos seus direitos e condições pecuniárias, quer se tratasse de cartórios, quer de repartições públicas estaduais e municipais; gratuidade dos atos de tabelionato que fossem necessários para os referidos fins; gratuidade dos serviços de advogado a quem fosse conferido o mandato, ou que fosse nomeado pelo juiz.

O art. 46 do referido Código considerava como pessoas pobres, em condições de gozar do benefício mencionado, os que viviam exclusivamente de salários, rendas e pensões, ou do resultado de qualquer indústria ou profissão, quando não excedentes do salário diário que recebiam os operários no lugar de sua residência.

Só tinha lugar o benefício da assistência em defesa de direitos próprios, dos adquiridos por herança e legado, e dos adquiridos por cessão ou qualquer outro título de sucessão singular, quando o cedente ou o alienante já gozava de igual direito. O requerente que pretendesse tal benefício deveria dirigir-se por petição ao juiz, ale-

---
[149] PERNAMBUCO. *Código de Processo Civil e Commercial do Estado de Pernambuco. Lei nº 1.763*, de 16.06.1925. Recife: Rep. de Publicações Officiaes, 1925, p. 11.
[150] Idem, p. 10.

gando e provando a sua condição legal de pobreza, ou requerendo produzir a prova dentro de três dias.

Se o pedido fosse solicitado pelo autor, antes da propositura da ação, deveria ele juntar ao seu pedido os documentos que serviriam de fundamento à sua pretensão, cabendo ao juiz recusar o pedido de assistência, quando reconhecesse inteiramente destituída de fundamento jurídico a ação pretendida. Se a assistência fosse solicitada pelo réu, ou mesmo pelo autor, mas depois da propositura da ação, correria em autos apartados, sem suspensão da ação principal.

Desaparecendo as causas que determinaram a concessão da assistência postulada, ou constando em qualquer termo ou instância da causa que foi ela obtida por falsa prova ou alegações inverídicas, decretará o juiz a sua extinção, determinando a intimação da parte para constituir advogado, caso tenha sido este designado pelo juiz.

Também estabelecia código que o benefício da assistência concedido a uma das partes em nada beneficiava a parte contrária que não havia postulado o mesmo, e, ainda, que as disposições referidas não se aplicavam às pessoas jurídicas, exceto às beneficentes que não tinham patrimônio próprio.

3.3.2. Código de Processo Civil de São Paulo

O Código de Processo Civil e Commercial do Estado de São Paulo, Lei nº 2.421, de 14.1.1930, previa a assistência judiciária na Secção 3ª,[151] estabelecendo que o pedido deveria ser dirigido ao juiz ou tribunal por onde tivesse de tramitar ou já estivesse tramitando o feito, devidamente instruído com a prova de pobreza e cuja causa não fosse temerária, tendo a parte contrária o prazo de 48 horas para dizer sobre o pedido, sendo então pelo juiz decidido e designado o patrono respectivo. Em 27.6.1947, entrou em vigor o Decreto-Lei nº 17.330, que criou o Departamento Jurídico do Estado de São Paulo.

Nesse sentido,

---

[151] SOUZA, Bento Jordão de. *Código de Processo Civil e Commercial do Estado de São Paulo. Lei nº 2.421, de 14.01.1930*. São Paulo: São Paulo Editora Ltda., 1933, p. 18.

o Estado assegura constitucionalmente a egualdade de todos perante a lei (Constituição Federal, art. 72 § 2º), o que realiza em materia de legislação a administração, fazendo incidir as leis sobre todos os individuos que se collocarem nas condições por ellas previstas, sem privilegios de nascimento, fóros de nobreza, nem prerogativas e regalias de ordem honorifica, ou pertinentes a titulos nobiliarchicos e de conselho (logar citado); e bem assim, para assegurar essa egualdade permitte a quem quer que seja representar, mediante petição, aos poderes publicos, denunciar abusos das autoridades e promover a responsabilidade dos culpados. (Constituição, art. 72 § 9º). Por esse meio, ao alcance de qualquer individuo, pode este abolir as desegualdades e prerogativas abusiva ou illicitamente concedidas a outrem, ou alcançar o direito que lhe caiba, e possa ser-lhe reconhecido, dentro das attribuições do Poder Legislativo, ou do Executivo. A natureza desses poderes autoriza-os a moverem-se com liberdade, por iniciativa propria, e, quando provocados pelo exercicio do direito de representar, esse exercicio apenas actua inicialmente, e não como força propulsora permanente.[152]

O art. 65 do mencionado Código disciplinava que o benefício da assistência judiciária, que podia ser concedido em qualquer fase do processo, consistia na dispensa do pagamento de custas, emolumentos, selos e taxas do processo, e de certidões e atos requeridos a funcionários estaduais ou municipais, a fim de provar a condição de fortuna e os direitos postulados, bem como na designação de patrono, quando o postulante não tivesse advogado. O parágrafo único do citado artigo não permitia o benefício às pessoas jurídicas.[153]

Para obter a assistência, deveria o interessado provar que não poderia suportar as despesas do processo, e que a ação, ou defesa, não seria temerária. Interessante era o fato de que a parte contrária tinha o prazo de 48 horas para se manifestar sobre o pedido.

As condições para que a parte possa obter o benefício da assistência judiciária são: a) prova de que não pode suportar as despesas do processo sem prejudicar o indispensável para a mantença própria e de sua família e b) prova de que a ação que irá intentar ou a defesa que irá opor, não é temerária. "Diz-se temeraria a acção ou a contestação, quando não encontra fundamento em direito, nem tem a sua origem em relação jurídica capaz de justificá-la, em face da lei".[154]

---

[152] AMERICANO, Jorge. *Commentarios ao Codigo do Processo Civil e Commercial do Estado de São Paulo – Volume I*. São Paulo: Saraiva, 1934, p. 236-237.
[153] SOUZA, Bento Jordão de. Op. cit., p. 18.
[154] CAMARA LEAL, Antonio Luiz da. *Codigo do Processo Civil e Commercial do Estado de São Paulo Commentado*. São Paulo: Saraiva, 1930. v. I, p. 153.

Sendo deferido o pedido e designado o patrono à parte, de acordo com o art. 67,[155] deveria este lhe outorgar procuração, mas o advogado que, sem justa causa, recusasse o mandato, incorreria na multa de cem a quinhentos mil réis, ou na suspensão do exercício da profissão de 15 a 30 dias, pena que seria imposta pela autoridade que houvesse designado tal profissional. Caso a sentença desse ganho de causa ao assistido, arbitraria honorários para o patrono até 20% do líquido apurado.

Do disposto no artigo 67, deduz-se que: a) a obrigação do assistido de pagar honorários ao patrono só se verifica quando obtém sentença favorável; b) se o assistido decair do pedido, quando autor ou for condenado no pedido, quando réu, não está obrigado ao pagamento dos honorários ao patrono; c) não basta, para ser-lhe imposta a obrigação de pagar honorários, que a sentença lhe seja favorável, é necessário ainda que dela advenha uma vantagem econômica, um proveito conversível em moeda, um aumento patrimonial e d) não há obrigação de honorários quando o litígio não tiver natureza patrimonial, mas versar sobre relações pessoais de família, ou de outra relação qualquer de caráter não-econômico.[156]

Todavia, poderia o benefício ser revogado pelo juiz da causa, provando-se que o assistido obteve no curso do processo meios suficientes para custear a demanda, ou que o mesmo tenha utilizado falsa prova no seu requerimento, e, neste caso, haveria uma multa em dinheiro, sem prejuízo da responsabilidade penal, segundo o art. 68 do Código. Sendo revogado o benefício, seriam exigíveis do assistido todas as despesas de que tivesse sido dispensado.

Essa superveniência de recursos deveria se verificar antes da prescrição da ação de cobrança dos honorários, o que se dá decorrido um ano da decisão final do processo (Código Civil – art. 178, § 6º, nº X).[157]

Caso o beneficiado da assistência não ajuizasse a ação, por sua exclusiva culpa, dentro de seis meses depois de concedida, o mesmo caducaria, conforme o artigo 69.[158]

---

[155] SOUZA, Bento Jordão de. Op. cit., p. 19.
[156] CAMARA LEAL, Antonio Luiz da. Op. cit., p. 158.
[157] Idem, ibidem.
[158] SOUZA, Bento Jordão de. Op. cit., p. 19.

3.3.3. Código de Processo Civil de Minas Gerais

A Lei nº 830, de 7.9.1922, que regulou o Código de Processo Civil do Estado de Minas Gerais, estabelecia em seu art. 68[159] que as pessoas miseráveis e as que lhes são equiparadas serão representadas sob o patrocínio e benefício da assistência judiciária.

A previsão da assistência judiciária aos miseráveis e seus equiparados,[160] no Código de Processo Civil do Estado de Minas Gerais, era uma inovação no processo judiciário do país, e ainda não existente naquele Estado.

3.3.4. Código de Processo Civil do Distrito Federal

O primeiro documento legislativo, no Brasil, que organizou a assistência judiciária no Distrito Federal,[161] foi o Decreto nº 2.457, de 8.2.1897, em moldes modernos e adiantados, assegurando-a eficientemente a todos os pobres que fossem litigantes no cível ou no crime, por intermédio de comissões de advogados. Nos Estados, também se generalizou o uso da assistência, cada um tendo a respeito a sua legislação especial.

O art. 1º estabelecia que era instituída no Distrito Federal a assistência judiciária para o patrocínio gratuito dos pobres, que foram litigantes no cível ou no crime, como autores ou réus, ou em qualquer outra qualidade.

O referido decreto considerava pobre toda pessoa que, tendo direitos a fazer valer em juízo, estivesse impossibilitada de pagar ou adiantar as custas e despesas do processo sem privar-se de recursos financeiros indispensáveis para as necessidades ordinárias da própria manutenção ou de sua família. Mas não permitia que gozassem do benefício da assistência as corporações e associações de qualquer espécie, nem os estrangeiros no cível, salvo quando houvesse reciprocidade de benefício no país a que pertencesse.

Pelo sistema do Decreto nº 2.457, de 8.2.1897, o procedimento para a concessão do benefício de assistência era o seguinte: o preten-

---

[159] LAGOEIRO, Manoel. *Commentários ao Código de Processo Civil de Minas Gerais.* Belo Horizonte: Imprensa Oficial, 1930, p. 200.
[160] Idem, ibidem.
[161] BARBOSA, Ruy Pereira. Op. cit., p. 44.

dente ao benefício dirigia ao juiz que tivesse que ajuizar a demanda uma petição assinada indicando seu nome, idade, naturalidade, nacionalidade, profissão, estado e o objeto da ação, juntando prova de pobreza e afirmando solenemente as suas declarações.

Despachando o pedido, o juiz mandaria ouvir a Comissão de Assistência que, verificando a procedência do pedido, daria parecer com brevidade, mencionando explicitamente as condições de pobreza e aparente justiça da causa, para resolução definitiva, de que não caberia recurso.

O Código de Processo Civil e Commercial do Distrito Federal, criado pelo Decreto nº 16.572, de 31.12.1924, estabelecia no art. 11[162] que as pessoas desprovidas de meios pecuniários para defesa de seus direitos, em juízo, serão representadas sob o patrocínio e benefício da assistência judiciária, nos termos do decreto de sua instituição, que já estava em vigor.

A Ordem dos Advogados do Brasil[163] teve como primeira denominação Ordem dos Advogados Brasileiros e foi criada pelo art. 17 do Decreto nº 19.408, de 18.11.1930.

Posteriormente, foi regulamentada pelo Decreto nº 20.784, de 14.12.1931, com as alterações que vieram depois com os Decretos nºs 22.039, de 1º.2.1932, e 22.478, de 20.5.1933. O decreto de regulamentação da Ordem previa em seus artigos 91 a 93 a assistência judiciária, e foi justamente esta a primeira vez que se legislou sobre a matéria no plano federal.

O art. 91 do referido decreto estabelecia que a assistência judiciária no Distrito Federal, nos Estados e no Território do Acre, ficava sob a jurisdição exclusiva da Ordem dos Advogados do Brasil, e que a referida assistência seria prestada também perante as justiças federal e militar, bem como aos estrangeiros, independente de reciprocidade internacional.

Destaca-se que têm direito à assistência judiciária os litigantes pobres.[164] Mas, também, apresenta-se a indagação: o que se deve entender por pobreza?

---

[162] GUSMÃO, Helvécio de. *Código de Processo Civil e Commercial para o Districto Federal*. Decreto 16.572, de 31.12.1924. Rio de Janeiro: Jacyntho Ribeiro dos Santos, 1931, p. 18.
[163] BARBOSA, Ruy Pereira. Op. cit., p. 44.
[164] SOUZA, Mario Guimarães de. Op. cit., p. 313.

Pois a resposta estaria no conceito no art. 2º do Decreto nº 2.457, de 1897, que considerava pobre, para os fins do benefício da assistência judiciária, toda pessoa que, tendo direitos a fazer valer, em juízo, estiver impossibilitada de pagar ou adiantar as custas e despesas do processo sem privar-se de recursos pecuniários indispensáveis para as necessidades ordinárias da própria manutenção ou da família.[165]

Assim, a expressão "pobre" não era sinônima de indigência, como pode parecer, de sorte que sempre os tribunais a consideravam como impossibilidade de suportar as despesas do processo. Para alcançar a assistência, não era preciso que o indivíduo vivesse da caridade pública, bastava que estivesse colocado na contingência de, ou deixar perecer o seu direito por falta de meios para fazê-lo valer em juízo, ou ter que desviar para o custeio da demanda e constituição do patrono, os recursos indispensáveis à manutenção própria e de sua família. Esclarece que a indigência seria a carência absoluta de meios, e a pobreza a carência relativa. Seria pobre, para efeitos da assistência judiciária, aquele que não possuísse os meios necessários para custear as despesas do pleito, sem desfalque do que bastasse para a sua subsistência e a de sua família.[166]

Lembrou ainda Alfredo Balthazar da Silveira,[167] em sua obra "O Instituto da Ordem dos Advogados Brasileiros: Memória Histórica da sua Fundação e sua Vida Um Século de Gloriosa Existência – 1843-1943" (Rio de Janeiro, 1944, p. 55), refere que o sistema de os advogados aceitarem as causas dos pobres que os solicitassem aparentemente não funcionava, embora alguns tratadistas como Ramalho insistissem que o aceite era um dever moral da profissão.

3.4. PERÍODO DO CÓDIGO DE PROCESSO CIVIL NACIONAL (1939)

A Constituição Federal de 1934 atribuiu, privativamente, à União competência para legislar sobre processo (artigo 5º, XIX, *a*), instituindo o sistema da legislação processual unitária.

---

[165] SOUZA, Mario Guimarães de. Op. cit., p. 313.
[166] Idem, p. 314.
[167] SILVEIRA, Alfredo Balthazar da. *Instituto da Ordem dos Advogados Brasileiros*. Rio de Janeiro: Jornal do Commercio, 1944.

Todavia, o efetivo rompimento com a até então vigente legislação dos Estados ainda teria que desatar suas amarras. "Tudo, infelizmente, conspirava no sentido de impedir a solução prática do problema nacional da unificação e como era com esse – que esbarrava má vontade dos políticos interessados em não compreender que 'assim como uma bandeira única protege, soberanamente, todos os brasileiros, tambem a lei deve assegurar, de modo uniforme, os direitos dos cidadãos em todo o território nacional' e interessados, principalmente, 'em iludir, protelar e amortecer os impulsos criadores' – era também quanto aos outros problemas nacionaes, mesmo os mais relevantes que reclamavam solução legislativa, porque como observou alhures o egregio Presidente da Republica, 'a fase parlamentar da obra governamental se processava antes como um obstáculo do que como uma colaboração digna de ser conservada nos termos em que a estabelecera a Constituição de 1934'".[168]

Da Constituição Federal outorgada em 1937 nasceu o "Estado Nacional", consagrando, assim como já o fizera a Constituição de 1934, o princípio da *unidade do processo* a ser aplicado em todos os Estados. Conseqüência imediata dessa unificação foi o Código de Processo Civil, promulgado pelo Decreto-Lei nº 1.608, de 18 de setembro de 1939, em vigor a partir de 1º de março do ano seguinte.

Com essa finalidade, foi formada uma comissão, que se desfez logo após, para então o advogado Pedro Batista Martins redigir, sob a inspiração do jurista Francisco Campos, então Ministro da Justiça, um anteprojeto, que viria a ser o Código de Processo Civil.

Assim, a reforma estrutural do processo civil brasileiro se realizou em virtude das modificações da política nacional, bem como pelo "regime de autoridade" instituído pela Constituição de 1937, tendo o novo Código um sentido social e autoritário que buscava o ideal de uma "Justiça rápida e barata".[169]

O Código de Processo Civil foi dividido em dez livros, respectivamente: I – Das Disposições Gerais; II – Do Processo em Geral; III – Do Processo Ordinário; IV – Dos Processos Especiais; V – Dos Processos Acessórios; VI – Dos Processos da Competência Originária

---

[168] CARVALHO, Luiz Antonio da Costa. *O Espirito do Codigo de Processo Civil*. Rio de Janeiro: Gráfica Labor, 1941, p. 7-8.
[169] Idem, p. 12.

dos Tribunais; VII – Dos Recursos; VIII – Da Execução; IX – Do Juízo Arbitral e X – Das Disposições Finais e Transitórias.

Destacavam que nesse Código coexistiam uma parte geral moderna, fortemente inspirada nas legislações alemã, austríaca, portuguesa e nos trabalhos de revisão legislativa da Itália, e uma parte anacrônica, ora demasiadamente fiel ao velho processo lusitano, ora totalmente assistemática. Assim, afirmavam que dois espíritos coabitam o Código, a cujos últimos momentos da vigência se assistiu: a parte geral estava impregnada de novas idéias, ao passo que as que tratavam dos procedimentos especiais, dos recursos e da execução se ressentiam de um execrável ranço medieval.[170]

Havia, porém, o entendimento de que, apesar do grande avanço num confronto com os Códigos estaduais, por ele revogados, o estatuto processual elaborado por Pedro Batista Martins não conseguira renovar a legislação processual brasileira como se esperava, fato este que os estudiosos iriam observar desde logo e que provocaria, no início de 1970, o surgimento de reivindicações da classe jurídica da edição de nova codificação processual, a fim de colocar nossa pátria em pé de igualdade, no campo da ciência processual, aos países europeus, notadamente Itália, Portugal, Vaticano e Alemanha.[171]

O referido Código previa o *benefício da justiça gratuita* nos artigos 68 a 79, Capítulo II, Título VII – *Das despesas judiciais*, Livro I – *Das Disposições Gerais*. Entretanto, os "Arts. 67 a 79, dêste Capítulo II, substituídos pelos arts. 1.º a 18.º da Lei 1060".[172]

O benefício da justiça gratuita fez a sua entrada na lei processual brasileira. Antes, fora assunto de leis especiais. A finalidade dele é proteger os economicamente fracos, quer no exercício das ações, quer na defesa. Preocupação que coincide com o começo das reivindicações sociais iniciadas no século passado.[173]

---

[170] BERMUDES, Sergio. *Iniciação ao Estudo do Direito Processual Civil*. Rio de Janeiro: Liber Juris, 1973, p. 35-36.

[171] PRATA, Edson. *História do Processo Civil e sua Projeção no Direito Moderno*. Rio de Janeiro: Forense, 1987, p. 187.

[172] MULLER, Yara. *Código de Processo Civil (Anotado)*. Rio de Janeiro: Irmãos Pongetti, 1957, p. 57.

[173] PONTES DE MIRANDA, Francisco Cavalcanti. *Comentários ao Código de Processo Civil – Tomo I*. Rio de Janeiro: Revista Forense, 1958, p. 433.

Assim, já no Código de Processo Civil de 1939, a concessão do benefício da justiça gratuita versava que:

> O requisito essencial para a obtenção da assistência é a impossibilidade de suportar as despesas do processo sem prejuízo do sustento próprio ou da família (art. 68). Equivale à expressão *miserabilidade*, empregada em Direito Criminal, para autorizar a substituir-se a ação privada pela ação pública. As idéias sociais hoje correntes afetaram a linguagem antiga, fazendo a substituição do termo *miserabilidade*; mas já na aplicação do Código Penal, desde a monarquia, a expressão *miserabilidade* não significava indigência, de sorte que os tribunais sempre a consideraram como impossibilidade de suportar as despesas do processo. Para alcançar a assistência, não é preciso que o indivíduo viva da caridade pública, basta que esteja colocado na contingência de, ou deixar perecer o seu direito por falta de meios para fazê-lo valer em juízo, ou ter que desviar para o custeio da demanda e constituição de patrono os recursos indispensáveis à manutenção própria, e dos que lhe incumbe alimentar, dentro do conceito de família.[174]
>
> Quando a lei falou de rendimento ou vencimentos, deixou claro que não se trata da antiga concepção da miserabilidade. O que lhe importa é que a pessoa não possa pagar as custas e mais despesas do processo, ou, até, parte delas (art. 79). É verdade que o art. 74 fala em atestado de pobreza. Pobre, para o Código de Processo Civil, passa a ser quem quer que, tendo causa a propor, ou causa em que se tenha de defender, não pode suportar todas as despesas do processo.[175]

O referido diploma, no seu artigo 68, também já havia discorrido sobre rol de isenção compreendido pelo benefício da gratuidade, quais sejam: I – das taxas judiciárias e dos selos; II – dos emolumentos e custas devidas aos juízes, órgãos do Ministério Público e serventuários da justiça; III – das despesas com as publicações no jornal encarregado da divulgação dos atos oficiais; IV – das indenizações devidas a testemunhas; e V – dos honorários do advogado e perito.

Assim, o benefício da gratuidade abrange as despesas com a publicação na imprensa oficial, o que certamente não importa na dispensa dessa formalidade, como já fora decidido no Agravo de Petição nº 36.454, da 6ª Câmara Civil do Tribunal de Justiça de São Paulo, em 6.2.1948:

> JUSTIÇA GRATUITA – Benefícios da sua concessão – Publicação de editais – Se há dispensa em jornal local por não estar a publicação compreendida nos favores legais. É nula a citação edital se o chamamento a Juízo não é feito mediante pu-

---
[174] AMERICANO, Jorge. *Comentários* ..., 1958, p. 94.
[175] PONTES DE MIRANDA, Francisco Cavalcanti. Op. cit., p. 445.

blicação também em jornal do lugar embora goze o autor dos favores da justiça gratuita.[176]

Quanto aos honorários de perito, destaca-se o Agravo de Petição nº 6.952, julgado em 19.1.1944 pela 5ª Câmara do Tribunal de Apelação do Rio de Janeiro:

> JUSTIÇA GRATUITA – Compreensão dos honorários do perito – Recusa de realizar a perícia e pena a ser imposta – Aplicação dos arts. 68 e 131, ns. I e II, do Código de Processo Civil. Entre os benefícios da justiça gratuita estão compreendidos os honorários de peritos, que não podem exigir o seu depósito, para realizar a perícia, sob pena de incorrerem nas penalidades previstas no art. 131, ns. I e II, do Código de Processo Civil.[177]

Assim também quanto às taxas, aos selos e honorários do advogado, como ser verifica da Apelação Cível nº 1.441, julgada pela 5ª Câmara do Tribunal de Justiça do Distrito Federal, em 7.5.1948:

> HONORÁRIOS DE ADVOGADO – Verba não devida por quem é beneficiário da justiça gratuita.
> CUSTAS – Isenção de seu pagamento a quem é beneficiário da justiça gratuita – Regalia extensiva às taxas, selos e honorários de advogado. (...) A parte que goza do benefício da justiça gratuita, está isenta do pagamento das taxas, selos, custas judiciais e honorários de advogado, desde que tal benefício não é revogado no todo ou em parte.[178]

Estabeleceu o artigo 68, parágrafo único, a ordem segundo a qual seria escolhido o advogado, sendo que, primeiramente, seria opção da parte e, em não o fazendo, seria indicado pela assistência judiciária e, na falta desta, seria então nomeado pelo juiz.

O artigo 69 declinou o caráter personalíssimo do benefício da gratuidade, extinguindo-se com a morte do beneficiário. Nesse sentido: "Sendo o direito à assistência judiciária, segundo as idéias sociais correntes, um dos meios dos quais se serve o Estado para reequilibrar desigualdades, não acompanha o direito da parte como o acessório ao principal".[179] Entretanto, verificadas as condições personalíssimas para concessão do benefício ao sucessor *causa mortis*, poderá ser-lhe concedido e continuar a demanda.

---
[176] REVISTA DOS TRIBUNAIS, v. 173, p. 418, 1948.
[177] Idem, v. 149, p. 698, 1944.
[178] Idem, v. 184, p. 337, 1950.
[179] AMERICANO, Jorge. *Comentários...*, 1958, p. 92.

Ademais, a concessão do benefício da justiça gratuita está condicionada a circunstâncias especiais, que devem ser invocadas e apreciadas em cada caso, conforme já decidira o Des. Fábio Maldonado, no Agravo n° 362, da 1ª Câmara Civil do Tribunal de Apelação de Minas Gerais, em 3.7.1941:

> JUSTIÇA GRATUITA – CONDIÇÕES PARA SUA CONCESSÃO – A concessão do benefício da justiça gratuita está condicionada a circunstâncias especiais, que devem ser invocadas e apreciadas em cada caso. Êsse benefício, portanto, somente poderá ser obtido para determinada demanda, ainda não intentada ou mesmo já ajuizada e, nunca, genericamente, para a propositura de quaisquer ações, não específicas, ao talante do beneficiário.[180]

Quanto à pessoa jurídica, acreditava-se que não estava abrangida, isso porque "a lei fala em benefício personalíssimo, e não conhecemos direitos ou vantagens personalíssimos senão os que dizem respeito à pessoa humana".[181]

Os estrangeiros residentes no país, quando tinham filho brasileiro ou quando estabelecida reciprocidade de tratamento com seu país de origem (artigo 70), podiam ser beneficiados com a gratuidade. Demonstra-se, desse modo, uma política nacionalista, seja pela proteção no país aos nacionais ou aos que tiverem filhos nacionais, seja pela proteção desses no exterior.

A respeito, já foi decidido no Agravo n° 25.312, julgado em 8.4.1945, no Tribunal de Justiça de São Paulo:

> JUSTIÇA GRATUITA – Estrangeiro com filho brasileiro natural reconhecido – Benefício concedido _ Aplicação do art. 70 do Código de Processo Civil. Concede-se o benefício da justiça gratuita a estrangeiro se tem êle filho brasileiro, legítimo ou natural se reconhecido.[182]

O artigo 71, para evitar qualquer tipo de interpretação restritiva, estabelecia a abrangência do benefício a todas as instâncias.

> E o art. 73 autoriza a assistência judiciária em qualquer estado da lide. Não define em que espécie de causas pode ser outorgada, mas como a expressão lide designa o negócio, a questão, a dúvida ou assunto sujeito à decisão, a espécie jurídica, segue-se evidentemente, ser inadmissível no juízo preparatório, no gracioso, no administrativo.[183]

---

[180] REVISTA FORENSE, v. LXXXIX, p. 198, 1943.
[181] AMERICANO, Jorge. *Comentários...*, 1958, p. 93.
[182] REVISTA DOS TRIBUNAIS, v. 156, p. 575, 1945.
[183] AMERICANO, Jorge. *Comentários...*, 1958, p. 91.

Mas, conforme o artigo 72, a parte que pretendesse o benefício de gratuidade mencionaria, na petição, o rendimento ou vencimentos percebidos e os seus encargos pessoais e de família, sendo que no seu parágrafo único, submeteria eventuais declarações falsas à punição da lei penal.

A lei exigia, então, a demonstração de que a lide não era temerária. Entendiam que não seria jurídico colocar o pobre em condição de investir contra o patrimônio do abastado, ficando protegido pela própria insolvabilidade, das conseqüências econômicas resultantes da lide temerária, a qual, como ato ilícito, obriga a indenizar; nem o seria, favorecer o Estado a prática de tal ato ilícito, colocando ao alcance do interessado, só por ser pobre, um aparelhamento judiciário criado para proteger, e não para violar direitos.[184]

Assim, deveria existir ao menos o *fumus boni juris* nos pedidos de outorga do benefício da justiça gratuita para se atender à finalidade do instituto – dar ao necessitado a possibilidade de recorrer aos serviços judiciários, mas impedindo a propositura de ações por espírito de emulação, mero capricho ou erro grosseiro, e permitindo mais reiterada aplicação do art. 76 do Código.[185]

Nesse sentido, o julgamento do Agravo nº 31.879, em 19.12.1946, da 3ª Câmara Civil do Tribunal de Justiça de São Paulo:

JUSTIÇA GRATUITA – Concessão do benefício – Requisitos exigíveis. Para a concessão do benefício da gratuidade da justiça, o que se deve perquirir, além dos requisitos materiais da pobreza juridicamente conceituada, é se a pretensão do impetrante é aparentemente justa e lícita, não se podendo exigir liminarmente a prova de sua jurisdicidade e procedência.[186]

Todavia, em sentido contrário também já fora decido, conforme se extrai do julgamento do Agravo de Instrumento nº 34.904 em sessão de Câmaras Conjuntas do Tribunal de Justiça de São Paulo, do dia 10.12.1947:

AÇÃO RESCISÓRIA – Pedido do benefício da justiça gratuita para sua propositura – Competência para seu conhecimento.

JUSTIÇA GRATUITA – Requisitos para sua concessão – Dispensa de prova de não ser a lide temerária _ Aplicação dos arts. 72 e 74 do Código de Processo Civil.

---

[184] PONTES DE MIRANDA, Francisco Cavalcanti. Op. cit., p. 447.
[185] WIEDEMANN, Ney. Benefício da Justiça Gratuita. *Revista Forense*, v. XC, p. 266, 1942.
[186] REVISTA DOS TRIBUNAIS, v. 166, p. 140, 1947.

O Presidente do Tribunal é competente para conhecer de pedido de justiça gratuita, com recurso para as Câmaras Julgadoras.
Para a concessão dos benefícios da justiça gratuita, a lei não exige prova, por parte do requerente, de não ser temerária a lide a intentar.
Cumpridas as formalidades dos arts. 72 e 74 do Código de Processo Civil, impõe-se a concessão dos benefícios da justiça gratuita salvo se a parte contrária elidir a prova oferecida.[187]

Ainda, além da referida declaração a ser feita pela própria parte, declinando seus rendimentos, vencimentos e encargos, o artigo 74 exigia a juntada ao requerimento do benefício de atestado da assistência social ou de autoridade policial, como forma de prevenir abusos. Todavia, "a introdução da autoridade policial como supletiva da assistência social choca-se com a realidade das situações providas pelos arts. 68-79: a autoridade policial é de supor-se mais informada que a assistência social; e a assistência social dificilmente terá outros informes a respeito de pessoas não indigentes, que aquelas mesmas que o solicitante vai mencionar, na petição, ao juiz".[188]

Em caso de deferimento, de acordo com o artigo 75, poderia o juiz, motivando ou não, julgar de plano o pedido. A regra, contudo, era seguir a tramitação regular quanto ao processo, previsto no artigo 685.

O processo era autuado em apartado e apensado ao feito principal, não suspendendo sua tramitação (artigo 73).

Da decisão que concedia assistência não cabia recurso, mas da que a negava cabia agravo, conforme o art. 842, nº V. Era estranho que a lei negasse recurso da decisão concessiva, pois poderia acontecer que por via dela obtivesse uma das partes, não necessitada, vantagens sobre a outra, estabelecendo-se a desigualdade perante a lei.[189]

O artigo 76 previa que: "Vencedor na causa o beneficiado, os honorários de seu advogado, as custas contadas em favor dos serventuários da justiça, bem como taxas e selos judiciários, serão pagos pelo vencido". Mas, tal disposição possuía problemas, se interpretada literalmente, porquanto, de certa forma, em dissonância com o sistema de distribuição dos ônus sucumbências da época, ou

---

[187] REVISTA DOS TRIBUNAIS, v. 172, p. 253, 1948.
[188] PONTES DE MIRANDA, Francisco Cavalcanti. Op. cit., p. 447.
[189] AMERICANO, Jorge. . Comentários..., 1958, p. 91.

seja, "a incidência do art. 76 nada tem com o pressuposto da culpa do vencido, nem com a invocabilidade do art. 64. É para os demais casos em que o vencido não é condenado a pagar os honorários do advogado do vencedor".[190]

Vejamos o entendimento da jurisprudência pelo julgamento, em 4.10.1948, do Recurso Extraordinário nº 9.943, em que foi relator o Ministro Laudo de Camargo (Ac. unânime da 1ª Turma do STF):

> JUSTIÇA GRATUITA – HONORÁRIOS DE ADVOGADO – Tratando-se de assistência judiciária, os honorários de advogado são regidos por dispositivo especial, que manda serem êles pagos pelo vencido, quando vencedor o assistido, sem que seja necessário cogitar, em tal caso, de culpa ou dolo.[191]

Também da Apelação nº 1.634, Relator Des. Samuel Silva, da 2ª Câmara Cível do Tribunal de Apelação do Rio Grande do Sul, julgada em 16.12.1942, se extrai o mesmo entendimento:

> ASSISTÊNCIA JUDICIÁRIA – HONORÁRIOS DE ADVOGADO – O art. 76 do Cód. Proc. Civil criou medida de exceção, específica, para o caso de concessão do benefício da justiça gratuita, afastando-se das soluções genéricas dos arts. 63 e 64 do mesmo Código.[192]

Assim, para alguns autores havia evidente erro no art. 76 quando dizia atribuir à parte vencida a obrigação de satisfazer os honorários do advogado do beneficiário da assistência que for vencedor. O entendimento literal redundaria em fazer com que o litigante que demandava contra o beneficiário da assistência deveria suportar maiores encargos do que quem demandava contra pessoa não-beneficiária, que constituía desigualdade perante a lei, pois a regra ordinária era que só no ato ilícito o vencido pagaria os honorários do advogado da parte vencedora.[193]

Apesar da crítica dirigida sobretudo ao legislador, sem dúvida, que um Código não se mostra uma congérie de preceitos acumulados, é ele, em verdade, um sistema, que obedece a uma unidade fundamental, atende a uma harmonia orgânica. Nesse sentido, extrai-se do voto do Ministro Orozimbo Nonato, no Recurso Extraordinário nº 9.541, de São Paulo, julgado em 29.1.1946, o seguinte entendimento:

---

[190] PONTES DE MIRANDA, Francisco Cavalcanti. Op. cit., p. 454.
[191] REVISTA FORENSE, v. CXXII, p. 438, 1949.
[192] Idem, v. XCIV, p. 324, 1943.
[193] AMERICANO, Jorge. *Comentários...*, 1958, p. 97.

(...) E a tanto valeria quase introduzir no art. 76 condição nele não prevista a ainda relegá-lo ao desvão das superfluidades, pois o princípio geral de que devem os honorários do advogado da parte contrária ser pagos pelo vencido no caso de dolo ou culpa contratual ou extracontratual está expresso no art. 64 do mesmo Código de Processo.
Se apenas nesses casos devessem ser pagos os honorários, ainda quando se tratasse de beneficiário da justiça gratuita, o art. 76 se ostentaria como conspícua e rematada inutilidade, pelo menos no que tange aos aludidos honorários.[194]

Cumpre transcrever a ementa do referido acórdão:

JUSTIÇA GRATUITA − Assistência judiciária − Honorários de advogado − Custas − Beneficiado vencedor na causa − Pagamento pelo vencido − Desnecessidade de ocorrência, por sua parte, de temeridade, dolo ou culpa − Teoria da sucumbência − Inteligência do art. 76 do Código de Processo Civil. Em se tratando de beneficiado da assistência judiciária, a sua vitória na causa determina a obrigação ao vencido de pagar os honorários do advogado do vencedor e as custas, isto independentemente da ocorrência de temeridade processual e dolo ou culpa contratuais.[195]

Além disso:

Tem-se, pois, de interpretar o artigo 76 sem o fazer chocar-se com o art. 59 ou com o art. 68. Interpretado literalmente, o vencido somente teria de pagar honorários de advogado, custas dos serventuários da justiça, taxas e selos judiciários. O vencedor acarretaria com o resto. De modo que seria excelente negócio ser vencido em luta com as pessoas protegidas pela gratuidade. A justiça gratuita seria para os desafortunados bem pesada justiça. Havemos de entender que o vencido pague essas custas e o vencedor pague as outras, mantendo o direito a reembolso das despesas não compreendidas no art. 76.[196]

A respeito da remuneração do prestador da assistência judiciária destacava-se o entendimento que estabelecia um critério diferenciado, senão vejamos o julgamento da Apelação nº 1.912, do dia 28.7.1943, em que foi Relator o Des. Samuel Silva, da 2ª Câmara Cível do Tribunal de Apelação do Rio Grande do Sul:

ASSISTÊNCIA JUDICIÁRIA − SÊLO DOS ATOS JUDICIAIS − A assistência judiciária constitue *munus publicus*, gratuito por sua essência, e, quando excepcionalmente remunerada, deve caracterizar-se a remuneração pela modicidade, não podendo ser arbitrada de acôrdo com o critério comum adotado para a fixação de honorários de advogado − Os atos praticados perante as autoridades judiciárias do Estado não estão sujeitos ao sêlo federal, salvo o penitenciário e o de educação.[197]

---

[194] REVISTA DOS TRIBUNAIS, v. 170, p. 387, 1947.
[195] Idem, v. 170, p. 383, 1947.
[196] PONTES DE MIRANDA, Francisco Cavalcanti. Op. cit., p. 452.
[197] REVISTA FORENSE, v. XCVI, p. 123, 1943.

A concessão do benefício poderia ser revogada a qualquer tempo, conforme a presença ou não de seus requisitos (artigo 77), todavia o Código não estabeleceu o procedimento para essa revogação.

Com a superveniência de recursos financeiros, em qualquer tempo, ficaria o beneficiado obrigado ao pagamento das custas, sem prejuízo do sustento próprio e de sua família (artigo 78), nada mencionando acerca do prazo prescricional.

Assim, cabia ao "credor das custas" o ônus da prova quando fosse promover sua cobrança, o que não acontecia quanto aos honorários advocatícios.

> O patrono é investido de um *munus*, exerce uma função pública, que lhe é imposta sob certas penas, e a leva a termo. Findo o seu mandato, sem que o exercício dele gerasse qualquer direito a favor do patrono, ou qualquer obrigação a ser satisfeita pelo assistido, estão extintas as relações recíprocas, não sujeitas a fato futuro, pois não há condição pendente. A mudança posterior de estado de fortuna poderia, quando muito, constituir o assistido, em obrigação moral de gratidão, nada tendo o fato anterior.[198]

Contudo, a jurisprudência da época vislumbrava o princípio geral de direito que estabelece que a ninguém é dado locupletar-se com o trabalho de outrem sem lhe prestar uma remuneração. Seria o caso de enriquecimento ilícito, receber serviços profissionais que lhe conferiram uma situação vantajosa e não recompensar aquele que lhe facultou essa situação. É o que se verifica do julgamento da Apelação nº 7.988, em que foi relator o Des. Álvaro Clemente, do Tribunal de Apelação da Baía:

> HONORÁRIOS DE ADVOGADO – JUSTIÇA GRATUITA – Nossas leis sociais visam a estabelecer o equilíbrio social, pela proteção aos economicamente fracos, equiparando-os, tanto quanto possível, àqueles que teem meios suficientes para fazer valer os seus direitos. Mas os serviços da assistência gratuita não podem ser explorados por aqueles que não estão em condição de necessitados. Só poderão ser prestados enquanto dure a situação de insuficiência.[199]

Da mesma forma, já foi decidido no Agravo nº 7.218, de relatoria do Des. Guido de Meneses, da 2ª Câmara Civil do Tribunal de Apelação de Belo Horizonte, em 29.4.1940, que: "É possível que haja abuso na súplica da assistência judiciária. Desde, porém, que se concedeu, com o pedido instruído em forma, compete à parte adversa

---

[198] AMERICANO, Jorge. *Comentários...*, 1958, p. 101.
[199] REVISTA FORENSE, v. XCVI, p. 381, 1943.

provar a falsia da miserabilidade forense, mormente em face dos arts. 77 e 78 do CPC".[200]

Por fim, o artigo 79 referia que se o beneficiado pudesse suportar em parte as despesas do processo, o juiz, conforme seu prudente arbítrio, daria a preferência na ordem que estabelecer aos serventuários para o recebimento das custas.

Mas, adotando tal critério, o legislador transformou o juiz em impertinente inquisitor da vida privada, econômica, dos seus auxiliares, ao mesmo tempo que a sua preferência vai ferir, muitas vezes, em lugar de agradar, melindres de pessoas que trabalham sob o mesmo teto, porém se sentem com o direito, e têm o direito, de trazer incólume a investigações inquisitoriais, medievalescas, a sua casa e a situação da sua família. Aliás, todo juiz prudente evitaria dar ao art. 79 a aplicação que o legislador permitiu.[201]

3.5. LEI Nº 1.060/50

A Lei nº 1.060, de 5 de fevereiro de 1950, manteve a regulação do procedimento especial atinente à concessão do benefício da gratuidade da justiça paralela ao Código de Processo Civil.

O objeto da lei está na prestação gratuita de todas as custas e despesas referentes ao processo em que é parte o beneficiário, visando, sobretudo, à garantia de acesso à justiça aos denominados necessitados tão-somente no plano econômico, definindo-os, no artigo 2º, parágrafo único, como aqueles cuja situação econômica não lhes permita suportar as custas do processo e os honorários advocatícios, sem prejuízo de seu próprio sustento e de sua família.

Para Araken de Assis,[202] o artigo 2º, *caput*, estende o benefício da gratuidade aos nacionais e estrangeiros residentes no país, abandonando as exigências, em relação aos estrangeiros, de reciprocidade de tratamento e da existência de filho brasileiro (artigo 70 do Código de Processo Civil de 1939). Seria incorreto, para o autor, utilizar

---
[200] REVISTA FORENSE, v. LXXXIII, p. 548, 1940.
[201] PONTES DE MIRANDA, Francisco Cavalcanti. Op. cit., p. 459-460.
[202] ASSIS, Araken de. Benefício da gratuidade. *Revista da Ajuris*, Porto Alegre, p. 170, 1998.

a nacionalidade como elemento de discriminação de um problema humano, embora relacionado com o dever de prestar jurisdição estatal, pois tal benefício deve alcançar também os estrangeiros.

A disciplina da Lei n° 1.060/50 visa, essencialmente, a atender às pessoas físicas, e à noção de necessitado, prevista no artigo 2°, parágrafo único, à alegação de pobreza (artigo 4°, § 1°) e à intransmissibilidade da gratuidade (art. 10), em razão do falecimento do beneficiário, revelam a finalidade e o espírito da mencionada lei.[203]

Ordinariamente o artigo 3° compreende as isenções quanto às taxas judiciárias, custas devidas aos serventuários, despesas do processo (publicações na imprensa, despesas postais e outras), honorários advocatícios e periciais, bem como as despesas com a realização do exame de código genético – DNA – que for requisitado pela autoridade judiciária nas ações de investigação de paternidade (inciso VI acrescentado pela Lei 10.317/2001).

O requerimento contendo simples afirmação da hipossuficiência de meios para suportar as custas do processo poderá ser feito em qualquer momento no curso da demanda (artigos 4° e 6°), o que, entretanto, não perfaz prova inequívoca daquilo que afirma, não obrigando o juiz a deferir o benefício se tiver fundadas razões para negá-lo.[204] Desse modo, prevê a lei, em seu artigo 4°, § 1°, multa de até dez vezes o valor das custas na hipótese de falsa declaração.

A impugnação do benefício se processará em autos apartados e não interfere no curso regular do feito principal, porquanto não o suspende (art. 4°, § 2°). Assim, prevê a própria lei ser a apelação o recurso próprio para a reforma da decisão (artigo 17). Todavia entende-se que, se tal decisão se encontra no bojo dos autos principais, é atacável por meio de agravo de instrumento, entendimento que é compartilhado com a maior parte da jurisprudência e com Maurício Vidigal.[205]

No mais das vezes, a parte se apresenta em juízo representada por advogado aceitante do encargo e previamente indicado (artigo 5°, § 4°) ou, ainda, por defensor público. Mas, se inocorrentes tais

---

[203] ASSIS, Araken de. *Benefício...*, p. 170.
[204] VIDIGAL, Maurício. *Lei de Assistência Judiciária Interpretada:* Lei n° 1.060, de 5-2-1950. São Paulo: Juarez de Oliveira, 2000, p. 38.
[205] Idem, p. 52.

hipóteses, caso em que a parte se apresenta desassistida, prevê a lei que deverá o juiz, primeiramente, designar defensor público (artigo 5º, § 1º) e, caso não instituída a Defensoria Pública na Comarca, recorrer à indicação da subseção da Ordem dos Advogados do Brasil (artigo 5º, § 2º) e, por último, inexistindo esta, restará ao juiz proceder a nomeação de advogado para patrocinar a causa (artigo 5º, § 3º).[206]

Os prazos serão contados em dobro para os defensores públicos ou quem exerça cargo equivalente (art. 5º, § 5º), sendo que, nesse sentido, o Tribunal de Justiça do Estado do Rio Grande do Sul recentemente aprovou a Súmula nº 25, de 3.5.2004, para uniformizar a jurisprudência que trata da concessão do prazo em dobro, *verbis*: "O disposto no art. 5º, § 5º, da Lei 1.060/50, é restrito a serviço de assistência judiciária mantida pelo Estado", corroborando a idéia de que apenas podem se beneficiar destes prazos entes estatais que prestem tal serviço, o que não fere o princípio da isonomia esculpido no art. 5º, *caput*, da Constituição Federal de 1988, que se entende estar correta.

A revogação do benefício deve ser requerida pela parte contrária (artigo 7º), incluindo-se aqui qualquer participante da lide, inclusive o Ministério Público e o litisconsorte, em qualquer momento do processo, isto é, seja na instância de origem, seja nos tribunais superiores, se imprescindível para o julgamento da lide propriamente dita.[207] O julgador poderá decretar a revogação, ouvido o beneficiário, respeitando o princípio do contraditório (artigo 8º), se apresentadas provas pelo requerente da inexistência ou do desaparecimento dos requisitos essenciais à concessão do benefício. Saliente-se que a alteração das condições econômico-financeiras deve ser suficiente a ensejar uma melhora significativa no padrão de vida do beneficiário, caso contrário a gratuidade judiciária prevalecerá até decisão final do litígio, compreendendo todos os atos do processo (artigo 9º).

Os benefícios são deferidos individualmente e para cada caso concreto (artigo 10), o que traz à baila o fato de que, ocorrendo a morte do beneficiário e a ação persistir, seus sucessores deverão pleitear pessoalmente a concessão para si, não se transmitindo o benefício anterior, assim como o seu deferimento em um litígio não se

---

[206] ASSIS, Araken de. *Benefício...*, p. 191-192.
[207] VIDIGAL, Maurício. Op. cit., p. 61-62.

expande para qualquer outro processo em que o beneficiário seja parte.[208]

A disposição atinente à sucumbência (artigo 11) obedece às regras do Código de Processo Civil e, assim, quando o necessitado for vencedor da causa, a condenação ao pagamento dos honorários advocatícios se dará em favor do advogado ou da entidade que patrocinou a sua defesa. Entretanto a limitação da fixação dos honorários em 15% (quinze por cento) sobre o valor líquido apurado na execução de sentença (artigo 11, § 1º) aparece na referida lei desajustada à atual sistemática processual civil, parecendo que o mais correto entendimento é de que o diz revogado pelas disposições do artigo 20 do Código de Processo Civil.[209]

O artigo 12 prevê o prazo de cinco anos para o pagamento de custas e despesas processuais, condicionando sua exigibilidade ao fato de o beneficiário adquirir condições sem prejuízo do sustento próprio e de sua família. Mas, com o advento da Constituição Federal de 1988, passou-se a discutir a constitucionalidade do referido dispositivo, no sentido de que, mesmo durante estes cinco anos, com a alteração de sua condição financeira, não se lhe poderia exigir o pagamento.[210]

Sobre a natureza do referido prazo,[211] entende-se que não é de prescrição, conforme expresso no artigo, e sim de condição e de que

> somente haverá obrigação de pagamento se verificada a condição, isto é, se em cinco anos houver perda da impossibilidade de arcar com o pagamento. O prazo, assim, não se suspende ou interrompe por ato do credor conservativo do direito: passados cinco anos de trânsito em julgado, a obrigação fica extinta sem jamais ter sido exigível.

O artigo 13, com escassa aplicação, prevê a possibilidade do pagamento parcial das custas pelo assistido conforme sua condição, sendo rateadas em favor de seus credores.

No tocante à obrigação do encargo aos profissionais liberais designados, seja como defensor ou perito, tem-se entendido com res-

---

[208] VIDIGAL, Maurício. Op. cit, p. 67.
[209] ASSIS, Araken de. *Benefício...*, p. 195-196.
[210] VIDIGAL, Maurício. Op. cit. p. 74.
[211] Idem, p. 76.

salvas o disposto no artigo 14, isso porque, em tese, qualquer motivo plausível seria suficiente a dispensar o profissional isso, é claro, além das causas enunciativas do artigo 15. E, ainda, é de se indagar que tipo de defesa desempenharia uma pessoa contrariada e obrigada ao encargo sob pena de multa. Assim, o dispositivo só teria sentido se não se encontrasse mais nenhuma pessoa disposta e habilitada.[212]

Quanto ao instrumento de mandato, já está consolidado o que fora expressamente previsto pelo artigo 16, parágrafo único, no sentido de que o defensor público ou membro de entidade pública responsável pela prestação da assistência judiciária está dispensado de sua apresentação. Já no caso de advogado, indicado pela OAB ou nomeado pelo juiz, basta, comparecendo em audiência com o necessitado, fazer constar em termo a outorga. Todavia impõe-se a apresentação do instrumento de mandato para a prática de atos que necessitem de poderes especiais.[213]

Enfim, a lei em comento[214] "revela inúmeras incompatibilidades e incongruências com o direito processual comum", merecendo urgente reforma legislativa.

3.6. PREVISÃO E PRINCÍPIOS CONSTITUCIONAIS

3.6.1. Previsão constitucional da assistência judiciária

As Constituições do Brasil assim previam:

Constituição Política do Império do Brasil, de 25.3.1824

De concreto, nada se encontrava sobre assistência judiciária, contudo,[215] pelo nivelamento da pessoa como titular de direitos e sujeito a obrigações, havia duas previsões precursoras da realidade hodierna.

Previa o art. 179 que a inviolabilidade dos direitos civis e políticos dos cidadãos brasileiros, que tinha por base a liberdade, a se-

---
[212] VIDIGAL, Maurício. Op. cit. p. 79-80.
[213] Idem, p. 88.
[214] ASSIS, Araken. Benefício..., p. 43.
[215] NOGUEIRA, Octaciano. Constituições Brasileiras. Volume I – 1824. Brasília Senado Federal, 2001, p. 103-104.

gurança individual e a propriedade, era garantida pela Constituição do Império. O inciso XIII estabelecia que a lei era igual para todos, quer protegesse, quer castigasse, e recompensaria em proporção dos merecimentos de cada um; enquanto, pelo inciso XV, ninguém seria isento de contribuir para as despesas do Estado em proporção dos seus haveres.

Constituição da República dos Estados Unidos do Brasil, de 24.2.1891

Essa Constituição apenas expressou[216] que "todos são iguais perante a lei", conforme dispôs o § 2º do art. 72, na Seção II – Declaração de Direitos.

O art. 72 assegurava a brasileiros e a estrangeiros residentes no país a inviolabilidade dos direitos concernentes à liberdade, à segurança individual e à propriedade, e o § 2º estabelecia que todos são iguais perante a lei, não admitindo privilégio de nascimento, desconhecendo foros de nobreza e extinguindo as ordens honoríficas existentes e todas as suas prerrogativas e regalias, bem como os títulos nobiliários e de conselho.

Constituição da República dos Estados Unidos do Brasil, de 16.7.1934

Pela primeira vez,[217] houve a expressa referência, no art. 113, que a Constituição assegurava a brasileiros e a estrangeiros residentes no País a inviolabilidade dos direitos concernentes à liberdade, à subsistência, à segurança individual e à propriedade. E o inciso 32 previa que a União e os Estados concederão aos necessitados assistência judiciária, criando, para esse efeito órgãos especiais, e assegurando a isenção de emolumentos, custas, taxas e selos.

Constituição da República dos Estados Unidos do Brasil, de 10.11.1937

Essa Magna Carta foi omissa[218] em relação à assistência judiciária, e apenas consignou no caput do art. 122 que a Constituição assegurava aos brasileiros residentes no País o direito à liberdade, à segurança individual e à propriedade, e, pelo inciso 1, que todos são iguais perante a lei.

---

[216] BALEEIRO, Aliomar. *Constituições Brasileiras – Volume II – 1891*. Brasília: Senado Federal, 2001, p. 97.

[217] POLETTI, Ronaldo. *Constituições Brasileiras – Volume III – 1934*. Brasília: Senado Federal, 2001, p. 157.

[218] PORTO, Walter Costa. *Constituições Brasileiras – Volume IV – 1937*. Brasília: Senado Federal, 2001, p. 99.

Constituição da República dos Estados Unidos do Brasil, de 18.9.1946

Essa Constituição foi mais ampla[219] e de acordo com o art. 141, assegurava aos brasileiros e aos estrangeiros residentes no País a inviolabilidade dos direitos concernentes à vida, à liberdade, à segurança individual e à propriedade. No § 1º estabelecia que todos eram iguais perante a lei, e, pelo parágrafo 35, que o Poder Público concederia assistência judiciária aos necessitados, na forma que a lei estabelecesse.

Neste particular, lembramos que é de 5.2.1950 a Lei nº 1.060, que efetivamente estabeleceu normas para a concessão de assistência judiciária aos necessitados, considerando necessitado todo aquele cuja situação econômica não lhe permita pagar as custas do processo e os honorários do advogado sem prejuízo do sustento próprio ou da família.

Constituição do Brasil, de 24.1.1967

Já estando em vigor a Lei nº 1.060/50, essa Magna Carta,[220] em seu art. 153, estabelecia que a Constituição assegurava aos brasileiros e aos estrangeiros residentes no País a inviolabilidade dos direitos concernentes à vida, à liberdade, à segurança e à propriedade, e, pelo § 32, seria concedida assistência judiciária aos necessitados, na forma da lei.

Emenda Constitucional nº 1, de 17.10.1969

O art. 153, dessa Constituição também estabeleceu, de forma idêntica à Constituição de 1967, aos brasileiros e aos estrangeiros residentes no País a inviolabilidade dos direitos concernentes à vida, à liberdade, à segurança e à propriedade, bem como, pelo § 32 seria concedida assistência judiciária aos necessitados, na forma da lei.[221]

Constituição da República Federativa do Brasil, de 5.10.1988

A assistência judiciária foi[222] regulamentada no art. 5º, inciso LXXIV, que assim estabelece:

---

[219] BALEEIRO, Aliomar e SOBRINHO, Barbosa Lima. *Constituições Brasileiras – Volume V – 1946*. Brasília: Senado Federal, 2001, p. 99.

[220] CAVALCANTI, Themístocles Brandão; BRITTO, Luiz Navarro e BALEEIRO, Aliomar. *Constituições Brasileiras – Volume VI – 1967*. Brasília: Senado Federal, 2001.

[221] SENADO FEDERAL. *Constituições Brasileiras. Emendas Constitucionais de 1969. Vol VIIa.* Brasília: Senado Federal, 1999, p. 75 – 78.

[222] TACITO, Caio. *Constituições Brasileiras – Volume VII – 1988*. Brasília: Senado Federal, 2003, p. 72.

Art. 5º Todos são iguais perante a lei, sem distinção de qualquer natureza, garantindo-se aos brasileiros e aos estrangeiros residentes no País a inviolabilidade do direito à vida, à liberdade, à igualdade, à segurança e à propriedade, nos termos seguintes:
(...)
LXXIV- o Estado prestará assistência jurídica integral e gratuita aos que comprovarem insuficiência de recursos; (...)

O dispositivo legal supramencionado está previsto no Título II – Dos Direitos e Garantias Fundamentais, Capítulo I – Dos Direitos e Deveres Individuais e Coletivos, da atual Carta Magna. O elenco de franquias consignadas é muito mais generoso que aqueles contidos nas constituições anteriores,[223] que versam sobre o tema dentre os "Direitos e Garantias Individuais", sob a velha denominação da "assistência judiciária", prevendo apenas isenção quanto aos pagamentos das despesas processuais e deferimento de patrocínio técnico defensório gratuito em demandas judiciais que envolvessem litigantes pobres ou indefesos.

O constituinte de 1988 conservou a assistência jurídica aos hipossuficientes, entre os "Direitos Fundamentais da Pessoa Humana", ao lado de outros direitos de igual importância e dignidade, como de locomoção, de reunião, de associação, dentre outros.[224]

De outra forma, há outra inovação quando o Constituinte de 1988 substituiu a "assistência judiciária" pela "assistência jurídica", reforçada pelo acréscimo do "integral e gratuita", de modo a significar uma expressiva ampliação do que pretende abranger a referida assistência.

A necessidade de prestar-se auxílio à população carente, para que possa ter uma atuação em juízo assemelhada à da parte contrária, já foi reconhecida pelos povos mais antigos.[225] Foi percebido que, sem ser propiciadas aos desafortunados condições mínimas, para que pudessem atuar em juízo na defesa de seus interesses e direitos, a justiça restaria letra morta. Os pobres nunca poderiam fazer valer seus direitos, por falta de meios.

---

[223] PINTO, Robson Flores. *A Assistência Jurídica aos Hipossuficientes na Constituição*. São Paulo: LTr, 1997, p. 80.
[224] Idem, Ibidem.
[225] BASTOS, Celso Ribeiro; MARTINS, Ives Gandra. *Comentários à Constituição do Brasil*. São Paulo: Saraiva, 1989. v. 2, p. 373.

O princípio fundamental da igualdade de todos perante a lei ficaria comprometido, sendo perfeitamente compreensível a precocidade da aparição do problema, contemporâneo ao surgimento dos primeiros sistemas jurídicos, embora não se negue que só os desdobramentos mais recentes do Estado de Direito possam ter trazido ao direito uma expressão substantiva.[226]

Destacam[227] que, com o passar dos anos, a incumbência vai gradativamente recaindo nos ombros da classe dos advogados, o que não era estranho às idéias reinantes, de há muito, nas corporações dos causídicos. Mas esse acúmulo de trabalho resultante da prestação da assistência judiciária gratuita, por quem já se encontra onerado com os encargos da profissão da qual depende para sobreviver, mereceu justas críticas, chegando-se a ver aí uma locupletação ilícita por parte do Estado. É que a prestação ou patrocínio gratuito mantinha uma conotação caritativa e acabava por recair nos advogados, a quem era imposto como um dever.

Era, assim, uma caridade prestada pela Ordem dos Advogados, por intermédio de seus associados, que tinham seu ministério privado, inexplicavelmente, explorado pelo Estado.[228]

Lamentavelmente a Lei nº 1.060/50 não resolveu o problema: atribuiu aos Estados a tarefa de prestar assistência judiciária, desvencilhando a União de qualquer responsabilidade no assunto. A falta de caminhos e diretrizes seguras acabou por dar lugar a mais de uma sistemática, pelas quais os diversos Estados procuraram desincumbir-se de seu mister.[229]

Essa solução referida é a encampada pela nova Constituição, conforme o dispositivo sob comento. Com efeito, a Constituição Federal de 1988 não se limitou a consignar o dever de prestação da assistência judiciária. Ela define a quem compete fornecê-la, e isto é feito pelo disposto no art. 134 e seu parágrafo único, que deixa certa a existência de uma Defensoria Pública no nível da União e do Distrito Federal, que será organizada pela primeira, assim como

---

[226] BASTOS, Celso Ribeiro, e MARTINS, Ives Gandra. Op. cit., p. 374.
[227] Idem, p. 375.
[228] Idem, ibidem.
[229] Idem, p. 376.

cria a existência de uma defensoria pública nos Estados, submetida a normas gerais de nível federal.[230]

Outro ponto inovador é que a própria Carta Magna de 1988 chamou a si o ditar a modalidade fundamental dessa prestação, que consiste na instituição de carreiras próprias, com prerrogativas e deveres adequados. Assim, a Defensoria Pública detém, com exclusividade, a função de orientar juridicamente e de defender, em todos os graus, os necessitados.[231]

Muito mais do que assegurar a mera formulação do pedido ao Poder Judiciário,[232] a Constituição da República garante a todos o efetivo acesso à ordem jurídica justa, ou seja, proporciona a satisfação do direito não cumprido espontaneamente, e o acesso à justiça ou, como gosta de definir, à ordem jurídica justa, é poder adequar a todos o direito de contestar a tutela jurisdicional do Estado, principalmente de ter, pela Carta Magna, segurança para usufruir deste direito.

Nos países onde as desigualdades econômicas e sociais são relevantes, é necessário exasperar a garantia processual da assistência judiciária gratuita, e esta deve ser concedida a todos que não possuam recursos suficientes para iniciar o processo.[233]

O texto constitucional de 1988 colocou à disposição do cidadão vários mecanismos de acesso à justiça e, em especial, à jurisdição constitucional, e para que a Constituição seja cumprida, viabilizando o princípio da dignidade da pessoa humana, é necessário, primeiramente, deixar para trás o paradigma normativista – que é próprio do modelo do Direito liberal e individualista. Assim, os próprios meios para colocar em prática os direitos sociais e fundamentais continuam ineficazes.[234]

Um exemplo disso é o controle difuso de constitucionalidade – vigorando desde a Constituição Federal de 1891 –, que permite a qualquer cidadão suscitar discussão acerca da constitucionalidade

---

[230] BASTOS, Celso Ribeiro, e MARTINS, Ives Gandra. Op. cit., p. 376.
[231] Idem, p. 377.
[232] BEDAQUE. José Roberto dos Santos. *Tutela Cautelar e Tutela Antecipada:* Tutelas Sumárias e de Urgência. São Paulo: Malheiros, 1998, p. 57.
[233] Idem, p. 69.
[234] STRECK. Lenio Luiz. *Jurisdição Constitucional e Hermenêutica:* uma Nova Crítica do Direito. Porto Alegre: Livraria do Advogado, 2002, p. 662.

de uma lei, como questão prejudicial ou como fundamento no curso de qualquer demanda judicial, assumindo papel relevante no acesso à justiça.

Atualmente, estamos diante de um texto constitucional riquíssimo em direitos, que corre o risco de se tornar meramente simbólico em face da sua reduzida eficácia, porquanto "sem a necessária correspondência de políticas públicas aptas a promover as diretrizes constantes na Constituição".[235]

Entretanto, não se pode perder de vista que os direitos, liberdades e garantias são direitos de libertação do poder e, simultaneamente, direitos à proteção do poder contra outros poderes.[236]

3.6.2. Princípios constitucionais

Toda Constituição é formada por um conjunto de princípios e normas jurídicas,[237][238] pois a existência de regras e princípios permite a decodificação, em termos de um constitucionalismo adequado, da estrutura sistêmica constitucional, possibilitando a compreensão da Constituição como um sistema aberto de regras e princípios.

Com um modelo constituído exclusivamente de regras,[239] chegaríamos a um sistema jurídico de limitada racionalidade prática, o que exigiria uma disciplina legislativa exaustiva e completa. Conseguir-se-ia um "sistema de segurança", mas não haveria qualquer espaço livre para a complementação e desenvolvimento de um sistema, como o constitucional, que é necessariamente um "sistema aberto". De outra forma, com um modelo constituído exclusivamente em princípios, levar-nos-ia a conseqüências inaceitáveis, pois a indeterminação, a inexistência de regras precisas, a coexistência de princípios conflitantes, a dependência do "possível fático e jurídico", só poderiam conduzir a um sistema de segurança jurídica.

---

[235] STRECK. Lenio Luiz. Op. cit., p. 670.
[236] MIRANDA, Jorge. *Manual de Direito Constitucional, Tomo IV – Direitos Fundamentais.* Portugal: Coimbra, 1993, p. 98.
[237] CANOTILHO, J. J. Gomes. *Direito Constitucional.* 5. ed. Coimbra: Livraria Almedina, 1991, p. 175.
[238] PINTO, Robson Flores. Op. cit., p. 13.
[239] CANOTILHO, J. J. Gomes. Op. cit., p. 175.

É claro que os princípios são também normas jurídicas, mas de natureza diferente, logicamente anterior e superior às não-principiológicas, as quais, por isso mesmo, lhe são subordinadas. E eles exercem importantes funções num sistema constitucional, destacando-se as que avultam aquelas em que servem de "vetores para soluções interpretativas das normas jurídico-constitucionais",[240] conforme Celso Antonio Bandeira de Mello, garantindo unidade e coerência ao próprio sistema, gerando a colmatação desse mesmo sistema por intermédio de outros sistemas e suas respectivas normas.

Por princípios fundamentais entendem-se os critérios ou as diretrizes basilares do sistema jurídico, com disposições hierarquicamente superiores, do ponto de vista axiológico, às normas estritas (regras) e aos próprios valores (mais genéricos e indeterminados), sendo linhas mestras de acordo com os quais guiar-se-á o intérprete quando enfrentar-se com as antinomias jurídicas.[241]

Os princípios constitucionais da assistência jurídica aos hipossuficientes previstos na Carta Magna de 1988 são os seguintes: igualdade, amplo acesso à justiça (princípio da inafastabilidade do controle judicial) e o devido processo legal (princípio da legalidade).

3.6.2.1. Princípio da igualdade

O princípio constitucional da igualdade ou isonomia que está expresso no *caput* do art. 5º da Constituição Federal de 1988 é o primeiro a informar a assistência jurídica aos hipossuficientes.[242]

O princípio da igualdade, ou da isonomia, aplicado ao processo, implica o igual tratamento que deve ser atribuído a ambas as partes, quaisquer que sejam as qualidades pessoais que detenham, e o processo deve fornecer os mesmos meios, aptos a permitir a demonstração do direito que as partes afirmam existir.[243] Mas a isonomia não seria mera igualdade formal, pois deve ser entendida

---

[240] MELLO, Celso Antonio Bandeira de. *Curso de Direito Administrativo*. 4. ed. São Paulo: Malheiros, 1993, p. 409.
[241] FREITAS, Juarez. *A Interpretação Sistemática do Direito*. São Paulo: Malheiros, 2002, p. 56.
[242] PINTO, Robson Flores. Op. cit., p. 20.
[243] MARCACINI, Augusto Tavares Rosa. Op. cit., p. 17.

como uma igualdade substancial, devendo-se almejar que as partes tenham, efetivamente, as mesmas oportunidades.

De uma maneira geral,[244] o princípio da igualdade é conceituado como inadmissibilidade de diferenciações arbitrárias, manifestadas sob a forma de discriminação ou privilégio. Cabe afirmar que há uma diferenciação entre discriminação e privilégio, visto que, enquanto aquela é referente a situações de desvantagem, este diz respeito a situações de vantagem.

A igualdade consistiria na "supressão dos privilégios entre os homens, com a limitação das soberanias individuais", de maneira que todas as pessoas sejam equiparadas quanto à titularidade de direitos e sujeição a deveres. O princípio da igualdade estabelece a generalidade na atribuição de direitos e na imposição de deveres, no sentido de que os direitos a todos devem beneficiar, e os deveres a todos devem sujeitar.[245]

O conceito do princípio da igualdade pode ser dividido em três dimensões:[246] dimensão liberal, dimensão democrática e dimensão social.

Para a primeira dimensão, o sentido liberal estabelece igual posicionamento dos indivíduos perante a lei, dotada de caráter geral e abstrato, impondo a igualdade na formulação e aplicação das normas jurídicas.

Já a dimensão democrática, esclarece o mesmo, determina igual participação no exercício do poder político e acesso a cargos, emprego e funções públicas.

Quanto à última dimensão, a social, esclarece que essa assegura a obtenção da igualdade real, mediante a supressão das distorções verificadas nos planos econômico, social e cultural.

Além de haver as três dimensões antes referidas, também salienta que o referido princípio da igualdade, como um todo, é dividido em duas vertentes:[247] a *igualdade formal* – também denominada de civil, jurídica, perante a lei ou de direitos – e *igualdade material* – de-

---
[244] MORAES, Guilherme Peña de. Op. cit., p. 30.
[245] Idem, p. 31.
[246] Idem, Ibidem.
[247] Idem, p. 33.

signada, com o mesmo significado, de concreta, de fato, social, na sociedade ou real.

A primeira igualdade, a formal, estabelece igual possibilidade de exercício, no futuro, de direitos titularizados, mediante tratamento igualitário, determinado pela formulação ou aplicação da norma jurídica, dispensado a todos, sem levar em consideração as distinções de grupos, vedada a diferenciação das pessoas em classes jurídicas distintas, atributivas de diferentes direitos.[248]

Em relação à igualdade material, a mesma determina igual exercício, no presente, de direitos titularizados, correspondendo à igualdade efetiva perante os bens da vida e não limitada à formulação e aplicação igualitária da norma jurídica.[249]

Mas as duas modalidades de igualdade não devem ser entendidas como conceitos estanques ou fins últimos em si próprias. Dessa forma, a igualdade jurídica, mediante a atribuição de direitos em paridade, corresponde à condição preliminar da igualdade real, relacionada à alteração da estrutura social e econômica, mediante a remoção de obstáculos que impeçam sua efetiva verificação.

Convém ressaltar que a doutrina estrangeira realiza uma diferenciação entre princípio da igualdade perante a lei e princípio da igualdade na lei.[250]

Perante a lei ou isonomia é aquele princípio segundo o qual a aplicação das normas jurídicas gerais e abstratas aos casos concretos deve ser realizada na conformidade com o estatuído pelas mesmas, ainda que resulte em desigualdades, apresentando como destinatário o órgão jurisdicional responsável pela aplicação da lei.[251]

Todavia, em sentido inverso, igualdade na lei determina que a regra jurídica não deve ser dotada de desequiparações não autorizadas pela Constituição, apresentando como destinatários o órgão judicante competente e o legislador, sendo equivalente à expressão "iguais perante a lei", estabelecida na Lei Magna, no art. 5°, *caput*, pois o preceito constitucional, quando se refere à lei, diz respeito à

---

[248] MORAES, Guilherme Peña de. Op. cit, p. 33.
[249] Idem, Ibidem.
[250] Idem, p. 34.
[251] Idem, Ibidem.

ordem jurídica, de maneira que o direciona para a criação e aplicação equânimes das regras legais.[252]

Sendo todos iguais perante a lei (isonomia formal), no plano dos fatos os homens são natural e contingencialmente desiguais, sob inúmeros aspectos, tais como físicos, políticos, culturais, econômicos, etc.[253]

Em virtude da existência dessas e muitas outras desigualdades existentes na coletividade, que se almeja – ideal ou realmente – a igualdade de todos perante os bens materiais e imateriais que a vida nos propicia (chamada de isonomia substancial).[254]

A igualdade concebida pela declaração francesa dos Direitos do Homem e do Cidadão, de 1789 – embora já timbrada na Declaração de Independência dos Estados Unidos de 1776: "todos os homens foram criados iguais" – era marcadamente formal e individualista, porquanto vocacionada, à época, para a defesa do indivíduo contra o Estado – considerado um mal necessário – porque, consoante os princípios liberais individualistas da época, o Estado deveria se limitar à atividade estritamente jurídica, constituindo a ação estatal mera proteção negativa da liberdade individual.[255]

Esse princípio surgiu, historicamente, como instrumento de contenção dos privilégios da nobreza, nos regimes monárquico-absolutistas do final do século XVIII, reinantes em quase toda a Europa, principalmente na Inglaterra e França. Mas a igualdade de "todos" naquela época não incluía os negros e as mulheres, e mesmo o direito inalienável de participação política pelo voto era condicionado por qualificações de propriedade e riqueza.[256]

O referido princípio da igualdade substancial, desde a Carta Magna de 1934, tem sido instilado em nossos Textos Fundamentais: ora sob a forma de normas de eficácia plena (como é o caso do direito à "assistência judiciária", previsto nesta Constituição em seu art. 113, nº 32), ora sob a modalidade de normas programáticas (como a proteção social do trabalhador, prevista no art. 121 *caput* da Carta de

---

[252] MORAES, Guilherme Peña de. Op. cit., p. 34.
[253] PINTO, Robson Flores. Op. cit., p. 20.
[254] Idem, p. 20-21.
[255] Idem. Op. cit., p. 21.
[256] Idem, p. 22.

1934), todas voltadas à minimização das desigualdades existentes no Brasil, embora, desde a Carta Imperial de 1824 (art. 179, inciso XIII) até a atual Constituição de 5.10.1988 (art. 5º *caput*), tenhamos consagrado o princípio da igualdade formal, como igualdade de direitos perante a lei.

3.6.2.2. Princípio da legalidade

O princípio da legalidade é conceituado[257] como preceito segundo o qual somente a norma jurídica – entendida como lei ou atos normativos com força de lei – pode criar obrigações para o indivíduo.

Assim, deve-se entender como norma jurídica o gênero, ou de outra forma, não somente a lei formal, mas também o conjunto de atos normativos primários.

Militam dois pretextos favoravelmente à diretiva[258] segundo a qual a restrição ou limitação de um direito fundamental, consoante o princípio da reserva da lei, há de ser realizada por meio de norma jurídica, de modo legítimo e justo.

A primeira proposição é a compreensão do preceptivo jurídico como expressão da justiça, pois sua aplicação é geral (relativa a todos os casos) e abstrata (inexistência de consideração sobre os envolvidos).[259]

E quanto à segunda justificação, em conformidade com o magistério de Jean Jacques Rousseau, é a consideração do dispositivo legal como manifestação da vontade geral, já que sua exteriorização deve ser dotada da participação de todos, visando à obtenção da finalidade representada pelo interesse geral, que se diferencia do interesse comum.[260]

O princípio da legalidade está consolidado na Constituição Federal de 1988, em seu art. 5º, inciso II,[261] que estabelece: "Ninguém

---

[257] MORAES, Guilherme Peña de. Op. cit., p. 37.
[258] Idem, Ibidem.
[259] Idem, Ibidem.
[260] Idem, p. 37-38.
[261] Idem, p. 38-39.

será obrigado a fazer ou deixar de fazer alguma coisa senão em virtude da lei".

Sobre o princípio do devido processo legal e das garantias correlatas sustenta-se[262] que a igualdade entre as partes no processo não seja somente formal, mas, sim, também material, e, principalmente, real.

Entende-se que os direitos constitucionais do processo deveriam ser acessíveis e efetivos a todos, contudo, normalmente, projeta-se como uma simples configuração para a parte menos favorecida. Dessa maneira, acredita-se que tal matéria deve situar-se na seara da assistência jurídica e judiciária aos necessitados.[263]

Todavia, o problema do assistencialismo judicial não pode ser resolvido de forma abstrata e como uma mera questão teórica, sendo necessário que se leve em consideração as circunstâncias concretas da sociedade em que ocorre o problema. Além disso, é necessário destacar os valores culturais e o grau de desenvolvimento da democracia e da cidadania.[264]

O princípio do devido processo legal[265] é um mantenedor de garantia de acesso do cidadão às decisões do Judiciário, e isso deve ser feito mediante ritos processuais estabelecidos previamente na legislação. Refere-se a alguns postulados básicos para esses procedimentos processuais, como o julgamento por um juiz natural, o da instrução contraditória com amplitude de defesa, o da assistência judiciária aos necessitados, isto é, que pretendam a decisão judicial, mas não disponham de recursos para custear a ativação do sistema judiciário.

A União, os Estados, os Municípios e o Ministério Público estão dispensados do pagamento da caução prévia de 5% sobre o valor da causa na ação rescisória. De outra forma, desde o estabelecimento da

---

[262] OLIVEIRA, Carlos Alberto Alvaro de. *Do Formalismo no Processo Civil*. São Paulo: Saraiva, 2003, p. 86.
[263] Idem, Ibidem.
[264] Idem, Ibidem.
[265] WAMBIER, Luiz Rodrigues. *Tutela Jurisdicional das Liberdades Públicas*. Curitiba: Juruá, 1991, p. 72.

exigência em nosso sistema, firmou-se prontamente a orientação que o benefício constitucional da justiça gratuita abrange esta verba.[266]

É importante ser destacado que o princípio da legalidade exprime o próprio regime político democrático, na medida em que sujeita o comportamento individual somente à vontade da coletividade, manifestada por intermédio dos órgãos que a representam.

3.6.2.3. Princípio da inafastabilidade do controle judicial

O denominado princípio da inafastabilidade do controle do controle judicial,[267] justicialidade ou judiciariedade, inspirado no *rule of law* do Direito anglo-saxônico, consagrado no art. 5º, inciso XXXV, da Constituição Federal ("A lei não excluirá da apreciação do Poder Judiciário lesão ou ameaça de direitos."), constitui o asseguramento do princípio da legalidade, sendo conceituado, como diretiva determinante da possibilidade de toda e qualquer lesão ou ameaça a direito individual ser submetida à apreciação do Poder Judiciário; ou, de outra maneira, diretriz estabelecedora da permissibilidade de, por meio de ação adequada, toda e qualquer pessoa humana, individual ou coletivamente considerada, titular de direito (fundamental ou não) ameaçado de lesão, ou já lesado, poder então provocar a tutela jurisdicional, visando a prevenir ou reparar a lesão ao direito por ela titularizado.

Há diferença entre o princípio da inafastabilidade do princípio da indeclinabilidade, pois a inafastabilidade é a inviabilidade de criar-se obstáculos ao cidadão de buscar seu direito no Judiciário, e como indeclinabilidade entende-se a conseqüente proibição ao juiz de declinar do seu dever-poder de julgar (*non liquet*).[268]

O referido princípio é anterior ao próprio *due process of law* e expressamente, somente apareceu na Constituição de 1946, com a seguinte redação: "A lei não poderá excluir da apreciação do Poder Judiciário qualquer lesão de direito individual".

---

[266] WAMBIER, Luiz Rodrigues. *Curso Avançado de Processo Civil:* Teoria geral do processo e processo de conhecimento. 5. ed. São Paulo: Revista dos Tribunais, 2202, p. 694.
[267] MORAES, Guilherme Peña de. Op. cit., p. 39.
[268] PORTANOVA, Rui. *Princípios do Processo Civil.* Porto Alegre: Livraria do Advogado, 1997, p. 82.

Na redação da atual Constituição Federal, o termo *individual* foi suprimido e foi incluída a palavra *ameaça*, salientando que o direito de ação deve ser garantido a todos, indistintamente, bem como vindo a garantir a via preventiva de defesa.

Sobre o tema, cumpre trazer à baila duas observações:

A primeira advertência é o fato de que o princípio da judiciariedade não é absoluto, pois o controle judicial encontra-se limitado, em relação a atos de outros Poderes do Estado, pelas chamadas "questões políticas", cujo cerne é a separação de poderes constituídos.[269]

Nessas questões, a atuação do Poder Judiciário se limita ao exame de sua legalidade.

A segunda nota fundamental é a permissibilidade de antecipação da tutela jurisdicional, fundamentada na impossibilidade de a lei excluir da apreciação do Poder Judiciário ameaça a direito.[270]

Nesse sentido, deve ser entendido o princípio da forma mais ampla possível, sem com isso extrapolar os limites impostos pelo Estado Social de Direito e, como é de sua essência, respeitando a tripartição dos Poderes. Ademais, "o chamado direito de ação é garantido a todos, indistintamente, compreendendo as pessoas físicas, as jurídicas e os entes jurídicos despersonalizados, criados como verdadeiros institutos e com legitimidade processual".[271]

Destarte, a lesão a qualquer direito deverá passar pelo crivo do Poder Judiciário protegendo-se os direitos subjetivos, tanto individuais como coletivos, os difusos e até os de entes despersonalizados. Isso porque o princípio da inafastabilidade está diretamente relacionado ao princípio do acesso à Justiça,

Assim sendo, o princípio da inafastabilidade do controle judicial, efetivamente considerado, só atingirá sua plenitude com a oportunização da tutela jurisdicional ao hipossuficiente por intermédio da concessão do benefício da assistência, judiciária conforme o caso concreto.

---

[269] MORAES, Guilherme Peña de. Op. cit., p. 40.
[270] Idem, p. 41.
[271] GERAIGE NETO, Zaiden. *O princípio da inafastabilidade do controle jurisdicional*: art. 5º, inciso XXXV, da Constituição Federal. São Paulo: Revista dos Tribunais, 2003, p. 40.

3.7. DEFENSORIA PÚBLICA

A Constituição Federal de 1988 consagrou a Defensoria Pública no Título IV, Capítulo IV – "DAS FUNÇÕES ESSENCIAIS À JUSTIÇA" –, juntamente ao Ministério Público, à Advocacia Pública e à Advocacia Privada, o que foi um grande avanço em matéria de assistência jurídica à população carente como política social e, ainda, como um dos mecanismos de exercício da cidadania.

A Defensoria Pública (artigo 134 da Constituição Federal) foi o órgão incumbido de prestar a assistência jurídica integral e gratuita aos necessitados, a par do que estatuiu o artigo 5°, inciso LXXIV, também da Carta Magna, embora haja a possibilidade de ser prestada também por organismos não-estatais.

A organização do referido órgão se dará por lei complementar no âmbito da União, do Distrito Federal e dos Territórios, sendo prescritas normas gerais para sua organização nos Estados. A Constituição Federal, no artigo 134, parágrafo único, ainda tratou de resguardar disposições mínimas para sua instituição como órgão autônomo e independente, quais sejam: organização "em cargos de carreira, providos, na classe inicial, mediante concurso público de provas e títulos, assegurada a seus integrantes a garantia da inamovibilidade e vedado o exercício da advocacia fora das atribuições institucionais".

Nesse sentido, há entendimento e proposta.[272]

> que a carreira da Defensoria Pública seja equiparada às carreiras da Magistratura e do Ministério Público, tanto nas vantagens e garantias como nos impedimentos, e seja organizada de modo que os cargos correspondam às sedes do Poder Judiciário, pois isto representa uma garantia de que o serviço seja prestado com efetividade, autonomia, e que o beneficiário tenha atendimento digno na defesa exclusiva de seus interesses.

A Lei Complementar n° 80, de 12 de janeiro de 1994, modificada pela Lei Complementar n° 98, de 3 de dezembro de 1999, é que veio organizar a Defensoria Pública da União, do Distrito Federal e dos Territórios e prescrever normas gerais para sua organização nos Estados, além de outras providências.

---
[272] MARCACINI, Augusto Tavares Rosa. Op. cit., p. 67.

Elencou, assim, no seu artigo 3º como princípios institucionais a unidade, a indivisibilidade e a independência funcional, bem como prevê outras prerrogativas do defensor público, como o prazo em dobro para se manifestar, a intimação pessoal em todos atos do processo, previstos no art. 128, inciso I, a manifestação por cotas nos autos, prevista no art. 128, inciso IX, bem como a dispensabilidade da juntada do instrumento de mandato, previsto no inciso XI, salvo nesta hipótese, os casos do artigo 38 do Código de Processo Civil, o requerimento para abertura de inquérito em crime de ação privada, o oferecimento de queixa-crime e a representação nos crimes de ação pública condicionada.

Sobre o papel atual da Defensoria Pública no país à importante conclusão chegou Cláudia Maria Costa Gonçalves:[273]

> É claro que a Defensoria, de forma isolada, não configura todas as mediações da busca pela justiça social, mas, sem dúvida, os avanços, em termos de garantias e responsabilidades, introduzidos pela Lei Complementar 80/94, podem significar a ruptura com o assistencialismo desses serviços. Tudo dependerá, de início, da forma como os governantes, os agentes e a clientela da assistência jurídica irão se comportar depois da implantação das respectivas Defensorias. Se um dia cada usuário perceber o serviço jurídico não como mera abstração mas como um direito seu, então teremos, de fato, avançado.

Reconhecendo a Defensoria Pública como instituição essencial à função jurisdicional do Estado, a Lei Maior acata o princípio de que a igualdade de oportunidade de todos perante a lei surge como norma imperativa para a obtenção de uma ordem jurídica justa, assegurando aos que menor acesso tiveram às riquezas produzidas pela sociedade o direito de recorrer à Justiça para a proteção de seus próprios direitos e interesses, por intermédio de defensor público.

A Defensoria Pública é uma das formas mais eficazes de contribuir para a democratização da Justiça, com a garantia de acesso de todo o hipossuficiente à ela, pela prestação maciça de assistência legal, pois é necessário que seja assegurado a todos, e não somente àqueles que podem constituir advogados, acesso em igualdade de condições e em todas as instâncias.

A Defensoria Pública, estando elencada no Título que trata "Dos Direitos e Deveres Individuais e Coletivos" na Carta Magna,

---

[273] GONÇALVES, Cláudia Maria da Costa. *Assistência Jurídica Pública*: direitos humanos, políticos e sociais. Curitiba: Juruá, 2002, p. 87-88.

tem o seu reconhecimento de direito fundamental do indivíduo, tão indispensável à sua sobrevivência quanto aos que lhe garantem a vida, a liberdade, a educação, a saúde, a segurança e a uma subsistência digna.

3.7.1. Defensoria Pública da União

O artigo 14 da Lei Complementar 80/94 dispõe que: "A Defensoria Pública da União atuará nos Estados, no Distrito Federal e nos Territórios, junto às Justiças Federal, do Trabalho, Eleitoral, Militar, Tribunais Superiores e instâncias administrativas da União".

As Defensorias Públicas do Distrito Federal e dos Territórios,[274] apesar de serem organizadas e mantidas pela União, não pertencem à Defensoria da União, pois são autônomas e independentes desta, ressaltando, também que não há no âmbito federal a existência de Defensorias Públicas especializadas junto às Justiças do Trabalho e Militar, cabendo aos Defensores Públicos da União atuarem nessas áreas.

Assim, o objeto da Defensoria Pública da União é a prestação de assistência jurídica na esfera federal.

Todavia, a Defensoria Pública da União ainda não funciona de forma eficiente, porquanto não se encontra estruturada para favorecer o acesso da população carente à justiça. Esse foi um dos temas abordados pela Carta de Florianópolis[275] – documento resultante do 20º Encontro Nacional dos Juízes Federais do Brasil (Ajufe), realizado no dia 28 de novembro de 2003, em Florianópolis, na qual expressam sua preocupação com a situação atual envolvendo o poder judiciário nacional:

> Lutamos há vários anos por uma verdadeira reforma do Judiciário, que solucione antigos problemas estruturais e redefina o papel institucional do Judiciário como Poder democrático, transparente e que busca permanentemente maior eficiência no atendimento das necessidades sociais.
> Defendemos a criação de estrutura adequada para o funcionamento dos Juizados Especiais Federais e da Defensoria Pública da União, como mecanismos de facilitação do acesso da população carente à Justiça. Defendemos, também, a adoção

---

[274] SOUZA, Silvana Cristina Bonifácio. *Assistência jurídica, integral e gratuita*. São Paulo: Método, 2003, p. 117.

[275] AJUFE. 20º Encontro Nacional dos Juízes Federais do Brasil. Anais, Florianópolis, 2003. Disponível em na Internet em: http://www.conjur.uol.br/textos/23134. Acesso em 09.06.2004.

de um Código de Ética da Magistratura Nacional e a criação de uma Ouvidoria da Justiça, para colher reclamações sobre o funcionamento de órgãos do Poder Judiciário de qualquer instância.

A existência de uma Defensoria Pública da União bem estruturada é imprescindível para o atendimento dos que não podem pagar um advogado para defendê-los em juízo. Embora criada há mais de quinze anos, pela Constituição de 1988, o Poder Executivo Federal ainda não adotou as providências necessárias para o funcionamento eficiente da Defensoria Pública da União, que possui atualmente apenas noventa defensores para atender toda a população brasileira.
(...).

Dessa forma, há necessidade de que o Poder Executivo Federal estruture eficazmente a Defensoria Pública da União em todos os Estados da Federação o mais breve possível.

3.7.2. Defensoria Pública dos Estados

A Defensoria Pública se encontra implantada em quase todos os Estados, senão vejamos: no Acre foi organizada de acordo com a Lei Complementar Estadual n° 96/2001; em Alagoas, foi criada através da Lei n° 6.258/01, e modificada pela Lei Complementar n° 23/03; no Amapá, com a Lei Complementar Estadual n° 08/94; no Amazonas, organizada pela Lei Complementar Estadual n° 01/90, consolidada pela Lei Complementar n° 14/95 e alterada pela Lei Complementar n° 20/98; na Bahia, foi criada com a Lei Estadual n° 2.315/66 e implantada definitivamente pela Lei 4.658/85, mas a que regulamenta atualmente é a Lei Complementar Estadual n° 8.253/2002; no Ceará, foi criada pela Lei Complementar n° 06/97; no Distrito Federal, é organizada pela Lei Complementar Federal n° 80/94; no Espírito Santo, foi composta pela Lei Complementar Estadual n° 55/94, alterada pela Lei 103/97 e regulamentada pelo Decreto Estadual 3.800-N/94; no Maranhão, foi organizada pela Lei Complementar Estadual n° 19/94; no Mato Grosso, pela Lei Complementar Estadual n° 089/2001; no Mato Grosso do Sul, pela Lei Complementar Estadual n° 51/90, alterada pelas Leis Complementares 60/91 e 66/92; em Minas Gerais, foi recentemente regulamentada pela Lei Orgânica 65/03; no Pará, criada pela Lei Complementar Estadual n° 13/83; na Paraíba, foi organizada pela Lei Complementar Estadual n° 39/2002; no Paraná, foi instituída pela Lei Complementar Estadual n° 55/91; em Pernambuco, foi organizada pela Lei Complementar Estadual n° 20/98; no Piauí, pela Lei Complementar Estadual n° 03/90; no

Rio de Janeiro, foi instituída pela Emenda Constitucional 37/87, organizada pela Lei 1.490/89, Decreto 13.351/89, Lei Complementar Estadual nº 80/95 e também a Lei Complementar Estadual nº 06/77; no Rio Grande do Norte, encontra-se ainda subordinada à Procuradoria Geral do Estado; no Rio Grande do Sul foi implantada pela Lei Complementar Estadual nº 9.230/91, alterada pela Lei nº 10.194/94, tendo sido recentemente promulgada a Lei Complementar Estadual nº 11.795/2002, consubstanciando seu Estatuto; em Rondônia, pela Lei Complementar Estadual nº 117/94; em Roraima, pela Lei Complementar Estadual nº 37/2000; em Sergipe, pela Lei Complementar Estadual nº 15/94, alterada pela Lei Complementar nº 46/00 e, por fim, em Tocantins, a Defensoria Pública existe apenas de fato, tendo sido extinta em 1998, mas permanecendo em atividade os defensores públicos anteriormente empossados.

Os Estados em que a Defensoria Pública não foi instalada são: Goiás e Santa Catarina.

No Estado de Goiás, a assistência judiciária é prestada pela Procuradoria do Estado, com competência definida pela Lei Complementar nº 24/98.

Em Santa Catarina, foi promulgada a Lei Complementar nº 155/97 visando a regulamentar a Defensoria Pública do Estado, tem em vista o disposto no art. 140 da Constituição Estadual, que prevê: "A Defensoria Pública será exercida pela Defensoria Dativa e Assistência Judiciária Gratuita, nos termos da lei complementar". Assim, a assistência judiciária gratuita consiste na assistência prestada por advogado, que deverá estar inscrito na seccional da OAB/SC, nomeado pelo juiz para patrocinar as causas cíveis, no âmbito geral, ou promover a defesa do acusado na forma do Código de Processo Penal.

Cabe, ainda, detalhar o modo como é prestada a assistência judiciária em alguns Estados.

3.7.2.1. Defensoria Pública do Estado de São Paulo

Em São Paulo, a Procuradoria-Geral do Estado, pela Procuradoria de Assistência Judiciária, vinha suprindo as necessidades dos seus assistidos no âmbito da assistência judiciária.

O artigo 28 da Lei Complementar nº 478/86 previa as atribuições da Procuradoria da Assistência Judiciária Civil:

> I – prestar assistência judiciária aos legalmente necessitados nas áreas civil e trabalhista;
> II – exercer as funções de curador especial, salvo quando a lei a atribuir especificamente a outrem;
> III – promover as medidas judiciais necessárias à defesa do consumidor;
> IV – atuar junto ao Juizado de pequenas causas;
> V – prestar assistência a pessoas necessitadas, vítimas de crime, objetivando a reparação de danos e a solução de problemas jurídicos surgidos ou agravados com o delito;
> VI – prestar orientação jurídica aos legalmente necessitados no âmbito extrajudicial.
> Parágrafo único – Na hipótese prevista no inciso IV, serão arbitrados honorários de advogados pelo Juízo competente, desde que o assistido não seja legalmente necessitado.

O artigo 29 traz o rol das atribuições da Procuradoria da Assistência Judiciária Criminal:

> I – prestar assistência judiciária aos legalmente necessitados na área criminal, inclusive aos revéis;
> II – propor ação penal privada em favor dos legalmente necessitados;
> III – prestar orientação jurídica aos legalmente necessitados no âmbito extrajudicial.

Além disso, o Governo de São Paulo possuía convênio com a Seccional Paulista da Ordem dos Advogados do Brasil, a fim de suprir deficiências quanto ao serviço de assistência judiciária.

Nesse sentido, cabia à Ordem dos Advogados do Brasil elaborar listagem de advogados, habilitados previamente, designados em sistema de rodízio para prestar assistência nas comarcas carentes. A remuneração dos profissionais ocorria com verba proveniente do Fundo de Assistência Judiciária da Procuradoria-Geral do Estado.

Entretanto, havia entendimento de que a ação governamental era insuficiente e entidades co-responsáveis pela administração da assistência judiciária permaneciam imóveis, até porque lhes faltava vontade política para empreender alterações revolucionárias.[276]

Mas a Lei Complementar nº 988, de 9.1.2006, criou a Defensoria Pública do Estado de São Paulo, trazendo expressiva inovação na

---

[276] RODRIGUES, Walter Piva. Assistência Judiciária, uma Garantia Insuficiente. In: GRINOVER, Ada Pellegrini; DINAMARCO, Cândido Rangel; WATANABE, Kazuo. (Coord.). *Participação e Processo*. São Paulo: RT, 1988, p. 251.

prestação da assistência jurídica e judiciária à população do Estado de São Paulo. Fixou, ainda, um prazo de transição, contando com o atendimento dos serviços por ambas Instituições.

Os Procuradores do Estado que atuavam na Procuradoria de Assistência Judiciária tiveram o prazo de 60 (sessenta) dias, a partir da sua promulgação, nos termos do Art. 3º das Disposições Transitórias da referida Lei Complementar, para optarem pela nova carreira, tendo sido providos 87 Defensores Públicos, anteriormente Procuradores do Estado.

3.7.2.2. Defensoria Pública do Estado do Rio de Janeiro

Dentre os Estados citados, destaca-se o do Rio de Janeiro, como o pioneiro no Brasil no tocante à instituição da Defensoria Pública, tendo surgido na década de 50 como Assistência Judiciária. Foi instituída pela Emenda Constitucional nº 37/87, organizada pela Lei nº 1.490/89 e Decreto nº 13.351/89, e regulamentada pela Lei Complementar nº 80/95.

Atua nas áreas criminal, cível e de família e sucessões, e possui núcleos próprios para primeiro atendimento, distribuídos por regiões, e núcleos especializados na defesa do consumidor, da criança e do adolescente, do idoso, da mulher e em assuntos fundiários. A Defensoria Pública representava 70% das ações nas varas e tribunais do Estado.[277] Assim, verifica-se uma estrutura organizacional e funcional complexa, contando com Núcleos Especializados e Coordenadorias Regionais.

Ademais, a instituição possui autonomia administrativa e financeira, dispondo de dotação orçamentária própria, conforme a Lei Complementar Estadual nº 06/77.

3.7.2.3. Defensoria Pública do Estado do Rio Grande do Sul

No Rio Grande do Sul, a Defensoria Pública, implantada pela Lei Complementar Estadual nº 9.230, de 6.2.1991, e alterada pela Lei Complementar nº 10.194/94, obteve grande êxito nos seus propó-

---

[277] DPGE. Defensoria Pública Geral do Estado do Rio de Janeiro. *Organização*. Disponível na Internet em: http://www.dpge.rj.gov.br. Acesso em 09.06.2004.

sitos. A instituição substituiu a Unidade de Assistência Judiciária criada no ano de 1972 e vinculada à Procuradoria-Geral do Estado.

No dia 16 de junho de 1994, no Palácio Piratini, em solenidade presidida pelo vice-governador João Gilberto Lucas Coelho, foi empossada a primeira Defensora Pública-Geral do Estado, Dra. Cleomir de Oliveira Carrão.

Foram também Defensores Públicos-Gerais do Estado a Dra. Maria da Glória Schilling de Almeida (jan/1995 a dez/1998) e o Dr. Carlos Frederico Barcellos Guazzelli (jan/1999 a dez/2002). De jan/2003 até a 03.05.2006 exerceu o cargo o Dr. Luiz Alfredo Schütz., quando foi nomeada Defensora Pública-Geral do Estado a Dra. Maria de Fátima Záchia Paludo.

A instituição do órgão no Estado foi de fundamental importância também para a classe dos advogados, tendo em vista que, principalmente no interior, os juízes nomeavam advogados para prestar assistência judiciária gratuita em todas causas que envolvessem pessoas carentes, sem qualquer remuneração, sendo esta uma das razões pela qual o presidente da OAB/RS, na época, Dr. Luiz Felipe Lima de Magalhães[278] se empenhou para a concretização da Defensoria Pública, entendendo, ainda, que a prestação de assistência judiciária aos carentes é obrigação do poder público, por intermédio de um órgão específico e constitucional.

Mas a preocupação no Estado com o tema de prestação da assistência judiciária gratuita aos necessitados se remete a período anterior, sendo que, em 1965, o então Governador do Estado Ildo Meneghetti já havia disposto sobre a matéria pelo Decreto n° 17.261, de 7.4.1965, ficando a cargo da Consultoria-Geral do Estado as providências a serem adotadas. Ao lado da Divisão de Assistência Jurídica, compreendendo esta três setores especializados – o Serviço de Assistência Judiciária Cível, o Serviço de Assistência Judiciária Penal e o Serviço de Assistência Judiciária Trabalhista. E, posteriormente, pelo Decreto 17.379, de 12.7.1965, foi instalado o Serviço de Assistência Judiciária no interior do Estado.

---

[278] ORDEM DOS ADVOGADOS DO BRASIL/RS. *Instalação da Defensoria pública do Estado do Rio Grande do Sul*. Jornal da OAB/RS, maio/junho de 1994.

Nesse sentido, o Consultor-Geral, na época, Dr. José Néri da Silveira, hoje Ministro aposentado do Supremo Tribunal Federal, em entrevista ao Jornal Diário de Notícias,[279] referiu:

> Desde sua instalação, – disse, inicialmente – a Consultadoria Geral do Estado vem realizando detidos estudos no sentido de ser organizada, definitivamente, sob forma de serviço público, no plano estadual, assistência judiciária aos necessitados, garantindo-se, dessa maneira, defensor a quem não possa contratar advogado para patrocinar seus interesses, perante qualquer jurisdição e em qualquer instância.
>
> No Estado democrático impõe-se, indeclinavelmente, seja facilitada aos menos afortunados, aos que carecem de recursos pecuniários a defesa de seus direitos violados ou ameaçados, a reparação dos danos que tenham sofrido por atos ilícitos de terceiros, assegurando-lhes, gratuitamente, serviços forenses e assistência através de profissionais habilitados. A necessidade do patrocínio dos direitos fundamentais dos pobres bem assim a garantia pelo Estado do exercício por êles do direito constitucional de plena defesa quando acusados não podem ser esquecidos pela administração pública. Esta há de lhes prestar, também neste setor, assistência efetiva, propiciando-lhes, assim, meios de acesso, em condições de igualdade aos demais cidadãos, perante os órgãos judiciários, com o objetivo de formularem suas legítimas postulações ou defenderem sua liberdade.
>
> Antes de constituir um benefício, um favor concedido aos pobres para sua representação em juízo, afirma-se a assistência judiciária aos necessitados como um direito fundamental do homem. O direito à justiça é tão imprescindível como o direito à vida, à segurança pessoal, à liberdade, à educação, à subsistência e à propriedade.

Recentemente, a Lei Complementar n° 11.795, de 22.5.2002, dispôs sobre o Estatuto dos Defensores Público do Rio Grande do Sul, regulamentando a carreira, prerrogativas, garantias, direitos, deveres, proibições e responsabilidades dos seus membros.

A Defensoria Pública do Estado do Rio Grande do Sul atualmente conta com 319 Defensores Públicos e está instalada em 129 Comarcas no Estado, tendo 35 Comarcas com defensores deslocados, restando 34 ainda sem provimento (em outubro de 2007).

Os dados referentes ao ano de 2006, contabilizaram 306.494 atendimentos nas áreas: Penal, Cível, Família e Sucessões, Infância e Juventude, e Administrativa.[280] No ano de 2007, no período de janeiro a agosto, foram realizados 231.948 atendimentos à população carente gaúcha.

---

[279] SILVEIRA, José Néri da. *Assistência Judiciária*. Diário de Notícias, p. 8, maio de 1966. Entrevista concedida.

[280] RIO GRANDE DO SUL. *Defensoria Pública*. Dados fornecidos pelo Gabinete do Defensor Público-Geral do Estado do Rio Grande do Sul. Disponível na Internet em: http://www.dpe.rs.gov.br. Acesso em 16.10.2007.

4. Benefícios da gratuidade de justiça

O processo gera custas e despesas que, segundo Ernane Fidélis dos Santos,[281] por ocasião de cada ato processual, a parte requerente, ou o responsável, quando o ônus for seu, deve antecipar o pagamento das despesas (art. 19, § 1º, do CPC), onde todas as custas, e neste conceito incluindo as despesas conhecidas, serão antecipadas pelo autor (art. 19, CPC), mas, ao final, são suportadas pelo vencido (art. 20, CPC).

A lei dispensa o preparo, de acordo com Araken de Assis,[282] em algumas hipóteses, em atenção à pessoa do recorrente – Ministério Público; União, Estado, Município e respectivas autarquias; beneficiário da gratuidade (art. 3º, I, c/c art. 9º da Lei nº 1.060/50) – como se infere no art. 511, § 1º da Lei nº 9.756/98, e à espécie de recurso-embargos de declaração (art. 536, *in fine*) e agravo retido (art. 522, parágrafo único). Também neste mesmo sentido declara Gilson Delgado Miranda e Patrícia Miranda Pizzol.[283]

A parte que postula judicialmente o benefício da gratuidade de justiça, tem, caso deferido, a isenção de todas as despesas necessárias para o efetivo exercício dos direitos que almeja, tanto no pólo ativo como passivo da demanda.

O art. 5º, inciso LXXIV, da Constituição Federal é claro e preciso ao afirmar que o Estado prestará assistência jurídica integral

---

[281] SANTOS, Ernani Fidélis dos. *Manual de Direito Processual Civil*. 11. ed. São Paulo: Saraiva, 2006, p. 837. v. 1.
[282] ASSIS, Araken de. *Manual dos Recursos*. São Paulo: RT, 2007, p. 204.
[283] MIRANDA, Gilson Delgado; PIZZOL, Patrícia Miranda. *Recursos no Processo Civil*. 5. ed. São Paulo: Atlas, 2006, p. 31.

e gratuita aos que comprovarem insuficiência de recursos. Se a assistência jurídica é integral e gratuita, então não haverá cobrança, a qualquer título, da parte beneficiária da gratuidade.

O art. 3º da Lei nº 1.060, de 5.2.1950, estabelece as isenções compreendidas quando deferido o benefício da gratuidade de justiça à parte.[284] Em seu *caput*, prevê a expressão *"a assistência judiciária compreende as seguintes isenções"*, porque na época era usada como sinônimo de justiça gratuita, o que está equivocada. Conforme já exposto no Capítulo 1, são institutos distintos. Não de pode confundir a gratuidade de justiça, ou justiça gratuita, com AJG (Assistência Judiciária Gratuita), pois esta é exercida pela Defensoria Pública do Estado e da União, enquanto àquela é o deferimento pelo Juiz (Estado) à parte que não tem condições financeiras de arcar com as custas processuais e os honorários advocatícios, sob pena de prejuízo à sua subsistência e de seus familiares.

Para Misael Monteiro Filho[285] o estado de pobreza pode ser revelado e reconhecido no curso do processo, depois de ajuizada e sentenciada a ação, já na fase recursal.

4.1. DAS TAXAS JUDICIÁRIAS

De acordo com o art. 19 do Código de Processo Civil, cabe às partes prover as despesas dos atos que realizam ou requerem no processo, antecipando-lhes o pagamento desde o início do feito até a sentença final. O autor deve pagar as despesas do ajuizamento da ação no momento em que entrega sua petição inicial no Distribuidor do Foro, bem como outras tantas despesas que podem surgir durante a instrução do processo.

As chamadas taxas judiciárias compreendem as custas ordinárias para o ajuizamento e tramitação do feito, ou seja, o pagamento pela contraprestação prestada pelo Estado através dos serviços do Poder Judiciário.

---

[284] ASSIS, Araken de. *Manual dos Recursos.* São Paulo: RT, 2007, p. 204.
[285] MONTEIRO FILHO, Misael. *Recursos Cíveis na Prática.* 2. ed. São Paulo: Atlas, 2007, p. 39 e *Curso de Direito Civil.* 4. ed. São Paulo: Atlas, 2007, p. 57.

Quanto ao momento do pagamento, o § 1º do art. 19 regulamenta que será feito por ocasião de cada ato processual. E o § 2º do mesmo dispositivo legal prevê que compete ao autor adiantar as despesas relativas a atos cuja realização o juiz determinou de ofício ou a requerimento do Ministério Público.

A exceção do pagamento das referidas taxas será quando foi deferido à parte o benefício da gratuidade de justiça, como ressalva a primeira parte do caput do art. 19 do referido diploma legal, que a Constituição Federal garante ao hipossuficiente no art. 5º, inciso LXXIV.

4.2. DOS EMOLUMENTOS E CUSTAS

O inciso II do art. 3º da Lei nº 1.060/50, no seu texto original, prevês a isenção *dos emolumentos e custas devidos aos juízes, órgãos do Ministério Público e serventuários da justiça*. Pois esta regra está revogada em parte, em virtude de que é vedado aos juízes e aos membros do Ministério Público de perceberem custas e emolumentos.

Os emolumentos constituem a contraprestação pecuniária recebida por delegados do poder público, chamados tradicionalmente de escrivães.[286] Quanto a dispensa das custas, significa que a parte que goza do benefício da justiça gratuita fica dispensada do pagamento de todas as despesas pagas ao Estado, sejam iniciais, sejam referentes ao preparo de recursos ou à prática de qualquer ato processual que implique a exigência de taxas.[287] Para Moacyr Amaral Santos,[288] desses benefícios gozará o assistido para todos os atos do processo, até decisão final da causa, e sua execução.

Entre os serventuários da justiça, deve-se destacar os Oficiais de Justiça, pois quando há necessidade de deslocamento dos mesmos (ex: citações, intimações, penhoras) deve ser realizado o pagamento

---
[286] VIDIGAL, Maurício. *Lei de Assistência Judiciária Interpretada*. São Paulo: Juarez de Oliveira, 2000, p. 28.
[287] MARCACINI, Augusto Tavares Rosa. *Assistência Jurídica, Assistência Judiciária e Justiça Gratuita*. Rio de Janeiro: Forense, 2001, p. 38.
[288] SANTOS, Moacyr Amaral. *Primeiras Linhas de Direito Processual Civil*. 24. ed. São Paulo: Saraiva, 2008, p. 325. v. 2.

do valor correspondente às suas despesas e que lhe serão reembolsadas. Todavia, a parte que foi beneficiada com a gratuidade de justiça fica dispensada do pagamento da despesa de deslocamento destes serventuários.

4.3. DA PUBLICAÇÃO DE EDITAIS

Havendo necessidade de publicação de edital, e sendo a parte beneficiária da gratuidade de justiça, o parágrafo único do art. 3º da Lei nº 1.060/50 prevê que a publicação de edital em jornal encarregado da divulgação de atos oficiais dispensa a publicação em outro jornal.

O inciso III do art. 232 do Código de Processo civil estabelece que são requisitos da citação por edital, entre outros, a publicação do mesmo no prazo máximo de 15 (quinze) dias, uma vez no órgão oficial e pelo menos duas vezes em jornal local, onde houver. Mas o § 2º do mesmo dispositivo legal prevê que a publicação do edital será feita apenas no órgão oficial quando a parte for beneficiária da assistência judiciária. E o § 1º do art. 687, também do CPC, regulamenta que a publicação do edital será feita no órgão oficial, quando o credor for beneficiário da justiça gratuita.

Assim, o Código de Processo Civil dispõe a isenção do pagamento das despesas de publicação de editais, dispensando de publicá-los na imprensa privada, que não está obrigada a publicá-los gratuitamente, prevendo apenas a publicação em órgão oficial.

4.4. DAS INDENIZAÇÕES DEVIDAS ÀS TESTEMUNHAS

De acordo com o art. 419 do Código de Processo Civil, a testemunha pode requerer ao juiz o pagamento da despesa que efetuou para comparecimento à audiência, devendo a parte pagá-la logo que arbitrada, ou depositá-la em cartório dentro de 3 (três) dias. E o parágrafo único do mesmo dispositivo legal estabelece que o depoimento prestado em juízo é considerado serviço público, não sofrendo a testemunha a perda de salário nem desconto no tempo de serviço, quando sujeita ao regime da legislação trabalhista, em virtude do comparecimento na audiência.

Pois também de tais despesas ficará a parte beneficiária da gratuidade de justiça dispensada do pagamento à testemunha, podendo esta, se assim quiser, postular a cobrança contra o Estado.

4.5. DOS HONORÁRIOS ADVOCATÍCIOS

Nos termos do inciso V do art. 3º da Lei nº 1.060/50, a parte beneficiária da gratuidade de justiça ficará dispensada do pagamento dos honorários advocatícios de seu patrono, a não ser que formalize com o mesmo contrato escrito de honorários. Nesta hipótese, poderá o advogado executar o contrato de honorários advocatícios contra seu ex-cliente.

Pode o cliente não ter condições financeiras para arcar com as custas processuais e honorários advocatícios no momento do ajuizamento da demanda, e, nesta hipótese, formalizar contrato de honorários advocatícios prevendo que, ao final da lide, sendo vencedor do feito e recebendo determinada importância da parte contrária, seu procurador receba como pagamento pelos serviços prestados determinada importância ou percentual do valor percebido pelo mesmo cliente, independentemente do que venha tal profissional da advocacia a receber a título de sucumbência da parte contrária.

O ideal é que o advogado faça sempre contrato escrito com seu cliente, mesmo que venha postular o benefício da gratuidade de justiça, com previsão de pagamento ao final se sucesso tiver seu cliente na demanda e se a parte contrária for condenada e pagar determinada importância ao cliente, quando este não seria mais hipossuficiente, podendo então pagar os honorários contratados. Se não tiver contrato de honorários escrito não poderá o advogado querer cobrar de seu ex-cliente, caso tenha sido deferido o benefício da gratuidade de justiça ao mesmo.

O Tribunal de Justiça do Estado do Rio Grande do Sul editou uma Tabela de Honorários, advocatícios e periciais, para os casos de nomeação de advogado como defensor dativo nas Comarcas em que não há atuação ou escritório da Defensoria Pública do Estado, para a parte que necessita de atendimento judicial mas não pode arcar com as custas processuais e os honorários advocatícios.

A Lei n° 8.906/94 (Estatuto da Advocacia) estabelece, no art. 34, inciso XII, que constitui infração disciplinar o advogado recursar-se a prestar, sem justo motivo, assistência jurídica, quando nomeado em virtude de impossiblidade da Defensoria Pública. Para facilitar o acesso do jurisdicionado hipossuficiente ao Judiciário, foi solucionado através das nomeações dos defensores dativos com o pagamento de valores estipulados na tabela de honorários regulamentada pelo Poder Judiciário gaúcho.

Se o beneficiário da gratuidade de justiça perder a demanda, ele não será condenado a pagar custas processuais e honorários advocatícios à parte exitosa? Sim, ele será condenado ao pagamento das custas processuais e honorários advocatícios ao patrono da parte contrária, mas dispensado do pagamento em virtude da hipossuficiência, pelo período de 5 (cinco) anos, a contar da sentença, ou enquanto esta situação durar neste lapso temporal, quando então ficará prescrita. A sentença condena ao pagamento da verba sucumbencial, mas isenta-o do pagamento pelo prazo acima referido.

4.6. DOS HONORÁRIOS PERICIAIS

O art. 3°, inciso V, da Lei n° 1.060/50, prevê a isenção dos honorários de peritos para a parte hipossuficiente que estiver ao abrigo do benefício da gratuidade de justiça.

Havendo necessidade de prova técnica, através de laudo pericial de engenharia, contábil, etc., para o julgamento da lide, estando a parte que solicita a realização de perícia no gozo do benefício da gratuidade de justiça, ficará ela dispensada do pagamento dos honorários do perito do juízo, bem como de outras despesas necessárias para a realização do laudo.

O Estado não possui profissionais técnicos para atuarem como peritos judiciais. Assim, muitos profissionais nomeados como peritos de confiança do juízo, acabam realizando laudos periciais, nos feitos em que a parte está ao abrigo da gratuidade de justiça, sem receber honorários, esperando que o mesmo juízo os nomeie em outras ações em que a parte não postulou a justiça gratuita, podendo pagar os honorários postulados pelo mesmo e arbitrados pelo juízo.

O Tribunal de Justiça do Estado do Rio Grande do Sul, com o objetivo de prestar a jurisdição com efetividade e rapidez, e que há necessidade de prova pericial, permite que o juiz nomeie perito de sua confiança e fixa os honorários periciais de acordo com a tabela de valores indicada pelo próprio Tribunal de Justiça, com a concordância do perito nomeado em realizar o trabalho pericial pelo valor tabelado.

Embora os valores tabelados a título de honorários não sejam expressivos, foi a fórmula encontrada pelo Tribunal de Justiça do Estado do Rio Grande do Sul para efetivar a jurisdição nos feitos em que a parte necessita do benefício da gratuidade de justiça e não pode pagar os honorários advocatícios e do perito judicial nomeado pelo Juízo, permitindo o acesso à Justiça do hipossuficiente.

Em relação às ações de investigação de paternidade, a maior dificuldade ocorria quando a perícia e exame do DNA era necessária para a solução da lide, não tendo as partes condições financeiras para arcar com os custos de laudo técnico particular. O Departamento Médico Judiciário do Tribunal de Justiça do Estado do Rio Grande do Sul solucionou o problema ao realizar tal exame, sem qualquer custo para o hipossuficiente.

4.7. DA CAUÇÃO PARA AÇÃO RESCISÓRIA

No ajuizamento da ação rescisória, o art. 488, inciso II, do CPC, estabelece que a petição inicial será elaborada com observância dos requisitos essenciais do art. 282, devendo o autor depositar a importância de 5% (cinco por cento) sobre o valor da causa, a título de multa, caso a ação seja, por unanimidade de votos, declarada inadmissível, ou improcedente.

E o art. 490, inciso II, do CPC, prevê o indeferimento da petição inicial da ação rescisória quando não efetuado o depósito exigido pelo art. 488, inciso II, acima referido.

Inicialmente deve-se destacar que esse depósito judicial citado no art. 488 do CPC é uma penalidade, é uma multa, não fazendo parte do conceito das custas judiciais, pois estas seriam recolhidas ao Estado e àquele seria revertido ao réu, em caso de ser julgada inadmissível ou improcedente a ação rescisória.

Todavia, se tal depósito é essencial ao ajuizamento da ação rescisória, caso o autor fosse hipossuficiente ele não teria possibilidade de ajuizar a petição inicial, justamente por não ter condições financeiras de realizar tal depósito prévio dos 5% sobre o valor da causa, o que não é justo. Se a parte é beneficiária da gratuidade de justiça poderá ajuizar a ação rescisória sem realizar, até porque não tem condições financeiras, o depósito do percentual citado, ficando exonerado deste ônus. Impedir que o hipossuficiente ajuize ação rescisória é impedir o pleno acesso ao Poder Judiciário, o que não se pode conceber.

4.8. DA DESPESA COM CÓPIAS DO PROCESSO

Quando a parte que necessita de extração de cópias do processo litiga sob o benefício da gratuidade de justiça, ela ficará dispensada do pagamento das mesmas. Entende Augusto Tavares Rosa Marcacini[289] que não pode o beneficiário arcar com tais despesas, de modo que exigir-se dele o pagamento implica impedí-lo de praticar o ato para o qual as cópias se fazem necessárias, e, havendo serviço de extração de cópias mantido pelo próprio Poder Judiciário, deverá o juiz determinar que sejam feitas as cópias necessárias, gratuitamente.

---
[289] MARCACINI, Augusto Tavares Rosa. *Assistência Jurídica, Assistência Judiciária e Justiça Gratuita*. Rio de Janeiro: Forense, 2001, p. 43.

A Defensoria Pública do Estado do Rio Grande do Sul possibilita aos seus agentes uma cota mensal de cópias justamente para permitir aos seus clientes o pleno acesso ao Poder Judiciário, quando os mesmos não tem condições financeiras para arcar com a despesas de extração de cópias de documentos necessários para o ajuizamento da demanda, ou necessários durante a instrução do feito.

5. Conclusão

1. O acesso à Justiça passou a ser um dos mais importantes direitos, na medida em que dele depende a viabilização dos demais direitos.

Já foi reconhecida pelos povos antigos a necessidade de ser prestado auxílio aos hipossuficientes para que os mesmos pudessem ter uma atuação em juízo semelhante à parte contrária, pois perceberam que, sem serem oferecidas condições mínimas para os carentes, para que pudessem defender em juízo seus direitos e interesses, a justiça restaria letra morta, pois não poderiam fazer valer seus direitos por falta de meios.

Os conceitos de assistência judiciária, de gratuidade de justiça e de assistência jurídica não se confundem, embora muitos utilizem tais expressões como sinônimo. A assistência jurídica seria a prestação de serviços jurídicos aos hipossuficientes, seja consultiva (extrajudicial) ou processual. A assistência judiciária compreenderia o patrocínio judicial do necessitado. E por gratuidade de justiça deve ser entendida a gratuidade processual, compreendendo a isenção de toda e qualquer despesa necessária ao pleno exercício dos direitos.

2. A assistência judiciária, nos sistemas jurídicos estrangeiros, surgiu como uma resposta à implantação do Estado Social de Direito nos últimos dois séculos.

Na Alemanha deixaram de falar em assistência judiciária (*Armenrecht*) e passaram a referir em ajuda de custas (*Prozesskostenhilfe*), fazendo valer tabelas de valores correspondentes à aferição da real necessidade da parte postulante do benefício. Se o advogado privado aceitar prestar assistência jurídica judicial ou extrajudicial em prol dos carentes, ele assume um encargo.

O sistema jurídico francês busca não só o acesso à Justiça como e principalmente o acesso ao Direito. O auxílio jurídico compreenderia o auxílio jurisdicional, o auxílio ao acesso ao Direito e o auxílio à intervenção de advogado em caso de prisão temporária ou em matéria de mediação ou composição penal.

Na Grécia entrou em vigor lei que trata da prestação de ajuda jurídica a cidadãos de baixa renda, que será prestada após pedido do beneficiário que relata o objeto da ação ou ato e os dados que certificam os pré-requisitos para a mencionada prestação da ajuda, juntando documentos justificativos que provam a situação financeira. Para ser aceita a demanda é suficiente a presunção.

Na Itália caberá a uma comissão o recebimento dos pedidos de concessão de assistência, que são formais, e exigem a possibilidade de êxito na demanda. Interessante é que nesse exame existe a participação da parte adversária, que pode apresentar sua contestação por escrito à referida comissão. A parte hipossuficiente mostrará suas próprias razões e provas perante a parte contrária antes mesmo do ajuizamento do processo. O advogado que prestar serviço ao beneficiário só receberá os honorários, se for vencedor no processo.

Em Portugal a proteção jurídica reveste-se das modalidades de consulta jurídica e apoio judiciário. Terão direito à proteção jurídica as pessoas que comprovarem não dispor de recursos econômicos suficientes para pagar advogado ou custear total ou parcialmente as despesas do processo. A consulta jurídica seria a orientação jurídica de profissionais do foro como pode envolver a realização de diligências extrajudiciais ou comportar mecanismos informais de conciliação. Já o apoio judiciário teria as seguintes modalidades: dispensa, total ou parcial, de taxa de justiça e demais encargos com o processo; adiantamento do pagamento da taxa de justiça e demais encargos com o feito, e a nomeação e pagamento de honorários de patrono ou, em alternativa, pagamento de honorários a patrono escolhido pelo requerente.

3. O objetivo da Lei nº 1.060/50 estava na prestação gratuita de todas as custas e despesas referentes ao processo em que era parte o beneficiário, permitindo a garantia do acesso à Justiça aos denominados necessitados no plano econômico.

A partir da Constituição Federal de 1988, a ajuda legal deixou de ser apenas judiciária, mas também jurídica integral e gratuita, sendo então prestada tanto em nível judicial quanto extrajudicialmente, pelos defensores públicos.

Não há necessidade de que o hipossuficiente seja miserável ou pobre para a obtenção da assistência jurídica, bastando que ele alegue que não tenha condições de arcar com as despesas processuais sem prejuízo do seu próprio sustento ou de sua família.

Reconhecendo a Defensoria Pública como instituição essencial à função jurisdicional do Estado, a Carta Magna de 1988 acata o princípio de que a igualdade de oportunidades de todos perante a lei surge como norma imperativa para a obtenção de uma ordem jurídica justa, assegurando aos hipossuficientes o direito de recorrer à Justiça para a proteção de seus direitos e interesses.

4. A Lei nº 1.060/50 foi editada durante a vigência do Código de Processo Civil de 1939, portanto já dissociada do sistema processual atual, bem como das disposições constitucionais, que, ampliando o conceito atinente a mera assistência judiciária referida pela lei infraconstitucional, garantem uma assistência jurídica integral e gratuita (art. 5º, LXXIV). Além disso, o fato de essa lei se encontrar com alterações compromete, indubitavelmente, sua coerência, seja da ótica interna, seja em relação ao sistema em que está inserida.

Nesse sentido, faz-se necessária a edição de nova lei, condizente com a legislação processual e, principalmente, com as disposições constitucionais, que permita o acesso à Justiça aos hipossuficientes, bem como iniba eventuais abusos. Algumas observações, para isso, são substanciais.

5. A redação original do art. 4º, já alterada pela Lei 7.510/86, prevê que a parte gozará dos benefícios da assistência judiciária, mediante simples afirmação de carência de recursos financeiros, na própria petição inicial; todavia, olvidaram-se de alterar o art. 6º, que ainda discorre sobre a necessidade de que o pedido de gratuidade judiciária, quando formulado no curso do processo, necessite ser instruído com provas de sua condição de necessitado.

Além disso, presente incongruência com o disposto no art. 5º, LXXIV, da Constituição Federal (*"o Estado prestará assistência jurídica integral e gratuita aos que comprovarem insuficiência de recursos"*- grifamos), mesmo considerando a diversidade de conceitos.

Nesse sentido, sugerimos a seguinte redação:

> Art. .... – O pedido de assistência jurídica integral e gratuita poderá ser feito a qualquer momento, no curso do processo, independentemente de forma específica, mediante declaração do próprio interessado no sentido da insuficiência de recursos financeiros para arcar com as custas do processo e com os honorários advocatícios, sem prejuízo próprio ou de sua família.

O parágrafo único conteria, então, a presunção da veracidade da declaração juntada aos autos, da seguinte forma:

> Parágrafo único – A presunção de veracidade da referida declaração perdurará até prova em contrário, seja por elementos já contidos nos autos, seja por impugnação da parte contrária, no prazo de cinco (05) dias.

6. O art. 11, § 1º, que limitava os honorários do advogado "até o máximo de 15% (quinze por cento) sobre o líquido apurado na execução de sentença" tinha razão de ser apenas na época da edição da lei, na qual o pagamento dos honorários era restrito aos casos em que a parte agisse de modo temerário, quando a ação resultasse de dolo ou culpa, ou nos casos de "absolvição da instância".

Todavia tal regra não se sustenta mais, tendo em vista o princípio segundo o qual o vencido deve pagar os honorários do advogado da parte contrária, bem como pela limitação constante do art. 20, § 3º, Código de Processo Civil de 1973, no sentido de que os honorários serão fixados entre 10% (dez por cento) e 20% (vinte por cento) do valor da condenação.

Sugerimos, assim, que a redação do artigo se aproxime ao máximo do disposto no Código de Processo Civil, da seguinte forma:

> Art. .... – A sentença condenará o vencido a pagar ao vencedor as despesas que antecipou e os honorários advocatícios, restando suspensa sua exigibilidade, pelo prazo de cinco (05) anos, em relação à parte necessitada que conte com o benefício disposto nesta lei.
>
> Parágrafo único – Os honorários serão fixados entre o mínimo de dez por cento (10%) e o máximo de vinte por cento (20%), sobre o valor da condenação, em conformidade com os critérios adotados pelo Código de Processo Civil.

7. O § 2º do art. 11, atualmente, só teria algum sentido se fosse trocada a expressão "parte vencida" por "parte vencedora", restando que a parte vencedora poderá acionar a vencida para reaver as despesas processuais, caso ausente a condição anterior de necessitada. A sugestão é a seguinte:

Art. ... – A superveniente perda da condição legal de necessitado deverá ser comprovada pelo credor, dentro do período de suspensão da exigibilidade das custas processuais e dos honorários advocatícios, para a propositura da competente execução.

8. Para prevalecer o art. 12, deveria ter inserido a suspensão da exigibilidade do pagamento dos honorários advocatícios e não tão-somente das "custas", porquanto estas estão incluídas nos ônus sucumbenciais. Reportamo-nos, aqui, para a sugestão do item acima.

9. Conforme o art. 17, já alterado pela Lei nº 6.014/73, o recurso cabível das decisões proferidas em conseqüência da aplicação desta lei é o de apelação. Ocorre que tal dispositivo é regra anômala na sistemática processual atual, porquanto o ato que decide acerca da concessão da gratuidade tem natureza de decisão interlocutória – de eficácia declaratória, razão pela qual se entende mais apropriado o recurso de agravo de instrumento, acabando com a discussão no tocante à decisão proferida nos próprios autos principais ou em feito apenso. Ademais, atualmente, com a possibilidade de se agregar efeito suspensivo ao agravo de instrumento não haveria qualquer óbice para sua utilização mesmo no caso denegatório do pedido.

Ora, não há como se considerar sentença aquele pronunciamento, que não extinguirá o processo e, mais, observa-se que a interposição de recurso de apelação prejudicaria o andamento regular do processo em detrimento da parte adversa.

Nesse sentido, essa é a proposta:

Art. ... – A decisão a respeito do benefício referido nesta lei será, em qualquer caso, recorrível por meio de agravo de instrumento, possibilitando-se a agregação de efeito suspensivo, na forma do art. 518 do CPC.

10. Também seria necessária a edição de novo dispositivo legal que englobe a assistência jurídica integral, compreendendo a justiça gratuita e a assistência judiciária.

Sugerimos o seguinte texto:

Art. ... – A presente lei se refere ao benefício da assistência jurídica integral e gratuita, compreendendo a justiça gratuita e a assistência jurídica, da seguinte forma:

Parágrafo único – A justiça gratuita engloba a dispensa das despesas processuais e a suspensão da exigibilidade das verbas sucumbenciais.
I – Incluem-se nas despesas processuais:
a) a taxa judiciária;
b) as custas e emolumentos extrajudiciais indispensáveis ao processo;
c) as despesas com publicações oficiais;
d) as despesas com locomoção dos oficiais de justiça;
e) os honorários de perito, tradutores, intérpretes e depositários;
f) a caução referente à ação rescisória;
g) todas despesas necessárias para o exercício do direito de ação ou defesa.
II – Excluem-se as multas.

11. Também a inclusão da pessoa jurídica como possível beneficiária da gratuidade deve ser prevista expressamente na lei, considerando-se necessitada, nos seguintes termos:

Art. ... – Considerar-se-á necessitada para fins desta lei a pessoa jurídica, que provar que não dispõe de recursos para arcar com as custas processuais e com os honorários advocatícios, sem prejuízo dos recursos essenciais para o exercício de sua atividade.

Enfim, a Lei 1060/50, em que pese parte de seus dispositivos se encontrarem revogados e outros conflitem com a nova redação dada por leis posteriores, pode ser melhorada e atualizada em virtude da atual realidade social, a fim de se buscar o aprimoramento do instituto.

Referências

AJUFE. 20° Encontro Nacional dos Juízes Federais do Brasil. Anais, Florianópolis, 2003. Disponível em: http://www.conjur.uol.br/textos/23134. Acesso em 09.06.2004.

ALMEIDA, Candido Mendes de. *Codigo Philippino ou Ordenações e Leis do Reino de Portugal*. 14. ed. Rio de Janeiro: Typographia do Instituto Philomathico, 1870.

AMERICANO, Jorge. *Comentários ao Código de Processo Civil do Brasil*. São Paulo: Saraiva, 1940. v. 1.

——. *Commentarios ao Codigo do Processo Civil e Commercial do Estado de São Paulo – Volume I*. São Paulo: Saraiva, 1934.

ASSIS, Araken de. Benefício da Gratuidade. *Revista da Ajuris*, n° 73, p. 191-192, julho/1998.

——. Garantia de Acesso à Justiça: Benefício da Gratuidade. In: TUCCI, José Rogério Cruz e. (Coord.). *Garantias Constitucionais do Processo Civil*. São Paulo: RT, 1999.

——. *Doutrina e Prática no Processo Civil Contemporâneo*. São Paulo: RT, 2001.

——. *Manual dos Recursos*. São Paulo: RT, 2007.

BALEEIRO, Aliomar. *Constituições Brasileiras – Volume II – 1891*. Brasília: Senado Federal, 2001.

——. SOBRINHO, Barbosa Lima. *Constituições Brasileiras – Volume V – 1946*. Brasília: Senado Federal, 2001.

BARBI, Celso Agrícola. *Comentários ao Código de Processo Civil*. 10. ed. Rio de Janeiro: Forense, 1998. v. I (Arts. 1° a 153).

BARBOSA, Ruy Pereira. *Assistência Jurídica*. Rio de Janeiro: Forense, 1998.

BARBOSA MOREIRA, José Carlos. *La Igualdad de las partes en el proceso civil*. In Temas de Direito Processual (quarta série). São Paulo: Saraiva, 1989.

——. *Comentários ao Código de Processo Civil*. 6. ed. Rio de Janeiro: Forense, 1994. v. V (arts. 476 a 565).

——. O direito à assistência jurídica. Evolução no ordenamento brasileiro de nosso tempo. *Revista da Ajuris*, Porto Alegre, n° 55, p. 60, 1998.

BASTOS, Celso Ribeiro. *Comentários à Constituição do Brasil*. São Paulo: Saraiva, 1989. v. 2.

BASTOS, Celso Ribeiro; MARTINS, Ives Gandra. *Comentários à Constituição do Brasil*. São Paulo: Saraiva, 1989. v. 2.

BEDAQUE. José Roberto dos Santos. *Tutela Cautelar e Tutela Antecipada:* Tutelas Sumárias e de Urgência. São Paulo: Malheiros, 1998.

BERIZONCE, Roberto O. Asistencia Juridica a Los Carentes de Recursos: de La Ayuda Caritativa a la Cobertura Integral de Caracter Social. *Revista de Processo*, n° 45, p. 106-107, 1987.

――――. La organización de la asistencia juridica – (un estúdio sintético de la legislación comparada). *Revista de Processo*, n° 54, p. 169, 1987.

BERMUDES, Sergio. *Iniciação ao Estudo do Direito Processual Civil.* Rio de Janeiro: Liber Juris, 1973.

CALMON DE PASSOS, J.J. O Problema do Acesso à Justiça no Brasil. *Revista de Processo*, v. 39, p. 83, 1985.

CAMARA LEAL, Antonio Luiz da. *Codigo do Processo Civil e Commercial do Estado de São Paulo Commentado.* São Paulo: Saraiva, 1930. v. I.

CANOTILHO, J.J. Gomes. *Direito Constitucional.* 5. ed. Coimbra: Livraria Almedina, 1991.

CAPPELLETTI, Mauro. La justicia de los pobres. In: ――――. Processo, Ideologias, Sociedad. Trad. Santiago Sentis Melendo y Tomás A. Banzhaf. Buenos Aires: Ejea, 1974.

――――; GARTH, Bryant. *Acesso à Justiça.* Trad. Ellen Gracie Northfleet. Porto Alegre: Fabris, 1988.

CARVALHO, Luiz Antonio da Costa. *O Espirito do Codigo de Processo Civil.* Rio de Janeiro: Gráfica Labor, 1941.

CARVALHO, Pedro Armando Egydio de. *A Defensoria Pública:* um novo conceito de assistência judiciária. São Paulo: RT, 1993.

CASTRO, José Roberto de. *Manual de Assistência Judiciária.* Rio de Janeiro: Aide, 1987.

CAVALCANTI, Themístocles Brandão; BRITTO, Luiz Navarro e BALEEIRO, Aliomar. *Constituições Brasileiras – Volume VI – 1967.* Brasília: Senado Federal, 2001.

COSTA, José Manuel M. Cardoso da. Prefácio do Presidente do Tribunal Constitucional Português. In: ROGÉRIO, Nuno. *A Lei Fundamental da República Federal da Alemanha.* Coimbra: Coimbra, 1986.

COSTA, Salvador da. *O Apoio Judiciário.* Coimbra: Livraria Almedina, 2001.

DEMO, Roberto Luis Luchi. Assistência Judiciária Gratuita. *Revista Jurídica*, n° 289, p. 18, nov/2001.

DENTI, Vittorio. *Evoluzione dell'assistenza giudiziaria.* In: ――――. *Processo Civile e Giustizia Sociale.* Milano: Edizioni di Comunità, 1971.

DORS, A.; HERNANDEZ-TEJERO, F.; FUENTESECA, P.; GARCIA-GARRIDO, M., e BURILLO, J.. *El Digesto de Justiniano – Tomo I. Constituciones Preliminares y Livros 1 – 19.* Versão castellana. Pamplona: Editorial Aranzadi, 1968.

DPGE. Defensoria Pública Geral do Estado do Rio de Janeiro. *Organização.* Disponível na Internet em: http://www.dpge.rj.gov.br. Acessos em 09.06.2004 e 16.10.2007.

FIGUEIRA JÚNIOR, Joel Dias. Acesso à Justiça e Tutelas de Urgência. *Jurisprudência Brasileira Cível e Comércio*, Curitiba, Juruá, v. 175, p. 61, 1995.

FREITAS, Juarez. *A Interpretação Sistemática do Direito.* São Paulo: Malheiros, 2002.

FURASTÉ, Pedro Augusto. *Normas Técnicas para o Trabalho Científico*. Explicitação das Normas da ABNT. 13. ed. Porto Alegre: s.n., 2004.

GERAIGE NETO, Zaiden. *O princípio da inafastabilidade do controle jurisdicional*: art. 5º, inciso XXXV, da Constituição Federal. São Paulo: Revista dos Tribunais, 2003.

GESSINGER, Ruy Armando. *Justiça Gratuita e Assistência Jurídica*. Porto Alegre: AJURIS, 1992. v. 56.

GONÇALVES, Cláudia Maria da Costa. *Assistência Jurídica Pública*: direitos humanos, políticos e sociais. Curitiba: Juruá, 2002.

GONÇALVES, Marcus Vinicius Rios. *Novo Curso de Direito Processual Civil*. Vol. 2. São Paulo: 2005.

GRECO FILHO, Vicente. *Direito Processual Civil Brasileiro*. São Paulo: Saraiva, 1993. v. 2.

GRINOVER, Ada Pellegrini. *Novas Tendências do Direito Processual*. Rio de Janeiro: Forense Universitária, 1990.

GUSMÃO, Helvécio de. *Código de Processo Civil e Commercial para o Districto Federal*. Decreto nº 16.572, de 31.12.1924. Rio de Janeiro: Jacyntho Ribeiro dos Santos Editor, 1931.

HABSCHEID, Walther J. As Bases do Direito Processual Civil. Trad. Arruda Alvim. *Revista de Processo*, v. 11-12, p.136, 1978.

JAUERNIG, Othmar. *Direito Processual Civil*. Portugal: Almedina, 2002.

LAGOEIRO, Manoel. *Commentários ao Código de Processo Civil de Minas Gerais*. Belo Horizonte: Imprensa Oficial, 1930.

LEIBLE, Stefan. *Proceso Civil Alemán*. Colombia: Biblioteca Jurídica Dike, 1999.

LEITÃO, Helder Martins. *Acesso ao Direito e aos Tribunais*. Porto, Portugal: Elcla, 1988.

LENZ, Luis Alberto Thompson Flores. Da Concessão da Assistência Judiciária Gratuita às Pessoas Jurídicas e aos Entes Beneficentes. *Revista dos Tribunais*, São Paulo, v. 674, ano 80, p. 68, 1991.

LIMA, Alcides de Mendonça. *Dicionário do Código de Processo Civil Brasileiro*. São Paulo: RT, 1986.

LORENZETTI, Ricardo Luis. *Fundamentos do Direito Privado*. Trad. Vera Maria Jacob de Fradera. São Paulo: RT, 1998.

MADEIRA, Hélcio Maciel França. *Digesto de Justiniano*. Livro I. 2. ed. Trad. Edição bilíngüe. São Paulo: RT e Centro Universitário FIEO – UNIFEO, 2000.

MARCACINI, Augusto Tavares Rosa. *Assistência Jurídica, Assistência Judiciária e Justiça Gratuita*. Rio de Janeiro: Forense, 2001.

MARINONI, Luiz Guilherme. *Novas Linhas do Processo Civil*. 4. ed. São Paulo: Malheiros, 2000.

MELLO, Celso Antonio Bandeira de. *Curso de Direito Administrativo*. 4. ed. São Paulo: Malheiros, 1993.

MIRANDA, Gilson Delgado; PIZZOL, Patrícia Miranda. *Recursos no Processo Civil*. 5. ed. São Paulo: Atlas, 2006.

MIRANDA, Jorge. *Manual de Direito Constitucional, Tomo IV – Direitos Fundamentais*. Portugal: Coimbra, 1993.

MONTENEGRO FILHO, Misael. *Recursos Cíveis na Prática*. 2. ed. São Paulo: Atlas, 2007.

——. *Teoria Geral dos Recursos, Recursos em Espécie e Processo de Execução*. 4. ed. São Paulo: Atlas, 2007.

MORAES, Guilherme Peña de. *Instituições da Defensoria Pública*. São Paulo: Malheiros, 1999.

MORAES, Humberto Peña. A Assistência Judiciária Pública e os Mecanismos de Acesso à Justiça no Estado Democrático. *Revista de Direito da Defensoria Pública do Rio de Janeiro*, 2. ed., n° 2, p. 70, 1996.

MULLER, Yara. *Código de Processo Civil (Anotado)*. Rio de Janeiro: Irmãos Pongetti, 1957.

NOGUEIRA, Octaciano. *Constituições Brasileiras. Volume I – 1824*. Brasília Senado Federal, 2001.

OLIVEIRA, Carlos Alberto Alvaro de. *Do Formalismo no Processo Civil*. São Paulo: Saraiva, 2003.

——; LACERDA, Galeno. *Comentários ao Código de Processo Civil*. 4. ed. Rio de Janeiro: Forense, 1999. v. VIII, Tomo II (Art. 813 a 889).

ORDEM DOS ADVOGADOS DO BRASIL/RS. *Instalação da Defensoria pública do Estado do Rio Grande do Sul*. Jornal da OAB/RS, maio/junho de 1994.

PERNAMBUCO. *Código de Processo Civil e Commercial do Estado de Pernambuco. Lei n° 1.763, de 16.06.1925*. Recife: Rep. de Publicações Officiaes, 1925.

PINTO, Robson Flores. *A Assistência Jurídica aos Hipossuficientes na Constituição*. São Paulo: LTr, 1997.

——. *Hipossuficientes Assistência jurídica na Constituição*. São Paulo: LTR, 1997.

POLETTI, Ronaldo. *Constituições Brasileiras – Volume III – 1934*.Brasília: Senado Federal, 2001.

PONTES DE MIRANDA, Francisco Cavalcanti. *Comentários ao Código de Processo Civil (de 1939)*. Rio de Janeiro: Forense, 1947. v. 1.

——. *Comentários ao Código de Processo Civil – Tomo I*. Rio de Janeiro: Revista Forense, 1958.

——. *Comentários à Constituição de 1967*: com Emenda n° 1, de 1969. Rio de Janeiro: Forense, 1987. Tomo IV.

PORTANOVA, Rui. *Princípios do Processo Civil*. Porto Alegre: Livraria do Advogado, 1997.

——. *Constituições Brasileiras – Volume IV – 1937*. Brasília: Senado Federal, 2001.

PRATA, Edson. *História do Processo Civil e sua Projeção no Direito Moderno*. Rio de Janeiro: Forense, 1987.

RAMOS, Glauco Gumerato. Realidade e Perspectivas da Assistência Jurídica aos Necessitados no Brasil. In: CADERNOS ADENAUER. *Acesso à Justiça e Cidadania*. São Paulo: Fundação Konrad Adenauer, 2000.

REPUBLIQUE FRANÇAISE. *l'aide juridictionelle*. Disponível na Internet em: http://www.ca-toulouse.justice.fr. Acesso em: 16.03.2004.

——. *Les Lois et Règlements*. Disponível na Internet em: http://www.legifrance.gouv.fr. Acesso em 16.03.2004.

REVISTA DOS TRIBUNAIS, v. 166, p. 140, 1947.

——, v. 170, p. 383, 1947.

------, v. 170, p. 387, 1947.

------, v. 172, p. 253, 1948.

REVISTA FORENSE, v. CXXII, p. 438, 1949.

------, v. LXXXIII, p. 548, 1940.

------, v. XCIV, p. 324, 1943.

------, v. XCVI, p. 123, 1943.

------, v. XCVI, p. 381, 1943.

RIO GRANDE DO SUL. *Defensoria Pública*. Dados fornecidos pelo Gabinete do Defensor Público-Geral do Estado do Rio Grande do Sul. Disponível na Internet em: http://www.dpe.rs.gov.br. Acesso em 14.06.2004.

RODRIGUES, Marcelo Abelha. *Elementos de Direito Processual Civil*. São Paulo: RT, 2000. v. 2.

RODRIGUES, Walter Piva. Assistência Judiciária, uma Garantia Insuficiente. In: GRINOVER, Ada Pellegrini; DINAMARCO, Cândido Rangel; WATANABE, Kazuo. (Coord.). *Participação e Processo*. São Paulo: RT, 1988.

SANTOS, Ernane Fidélis dos. Manual de Direito Processual Civil. Vol. 1. 11. ed. São Paulo: Saraiva, 2006.

SANTOS, Moacyr Amaral. *Comentários ao Código de Processo Civil*. 3. ed. Rio de Janeiro: Forense, 1982. v. IV (Arts. 332 a 475).

------. *Primeiras Linhas de Direito Processual Civil*. 17. ed. São Paulo: Saraiva, 1995. v. 2.

------. ------. 24. ed. São Paulo: Saraiva, 2008. v. 2.

SCHÖNKE, Adolfo. *Derecho Procesal Civil*. Trad. Espanhõla de la quinta edicion alemana. Barcelona: Boschi, Casa Editorial – Urgel, 1950.

SENADO FEDERAL. *Constituições Brasileiras. Emendas Constitucionais de 1969*. Vol VIIa. Brasília: Senado Federal, 1999.

SILVEIRA, Alfredo Balthazar da. *Instituto da Ordem dos Advogados Brasileiros*. Rio de Janeiro: Jornal do Commercio, 1944.

SILVEIRA, José Néri da. *Assistência Judiciária. Diário de Notícias*, p. 8, maio de 1966. Entrevista concedida.

SOUZA, Bento Jordão de. *Código de Processo Civil e Commercial do Estado de São Paulo. Lei nº 2.421, de 14.01.1930*. São Paulo: São Paulo Editora, 1933.

SOUZA, Mario Guimarães de. *O Advogado*. Recife: [s. Ed.], 1935.

SOUZA, Silvana Cristina Bonifácio. *Assistência jurídica, integral e gratuita*. São Paulo: Método, 2003.

STRECK. Lenio Luiz. *Jurisdição Constitucional e Hermenêutica:* Uma Nova Crítica do Direito. Porto Alegre: Livraria do Advogado, 2002.

TACITO, Caio. *Constituições Brasileiras – Volume VII – 1988*. Brasília: Senado Federal, 2003.

TESHEINER, José Maria Rosa. *Jurisdição Voluntária*. Rio de Janeiro: Aide, 1992.

THEODORO JUNIOR, Humberto. Curso de Direito Processual Civil. Vol. 1. 43. ed. Rio de Janeiro: Forense, 2005

THOMAS, Heinz; PUTZO, Hans. *Zivilprozebordnung*. ZPO, ed. C.H. Beck'sche Verlagsbuchhandlung, München, 1985.

TROCKER, Nicolò. *Processo Civile e Costituzione, Problemi di diritto tedesco e italiano*. Milano: Giuffrè, 1974.

TUCCI, José Rogério Cruz e. *Desistência da ação*: doutrina e jurisprudência. São Paulo: Saraiva, 1988.

VIDIGAL, Maurício. *Lei de Assistência Judiciária Interpretada:* Lei n° 1.060, de 5-2-1950. São Paulo: Juarez de Oliveira, 2000.

WAMBIER, Luiz Rodrigues. *Curso Avançado de Processo Civil:* Teoria geral do processo e processo de conhecimento. 5. ed. São Paulo: Revista dos Tribunais, 2002.

——. *Tutela Jurisdicional das Liberdades Públicas*. Curitiba: Juruá, 1991.

WATANABE, Kazuo. Acesso à Justiça e Sociedade Moderna. In: GRINOVER, Ada Pellegrini; DINAMARCO, Cândido Rangel; WATANABE, Kazuo. (Coord.). *Participação e Processo*. São Paulo: RT, 1988.

WIEDEMANN, Ney. Benefício da Justiça Gratuita. *Revista Forense*, v. XC, p. 266, 1942.

XAVIER NETO, Francisco de Paula. Notas sobre a justiça na Alemanha. Doutrina Internacional. Direito Processual Civil. *Revista de Processo*, n° 27, p.130, jul-set, 1982.

YARSHEL, Flávio Luiz. Assistência Judiciária sob o ângulo do requerido. *Revista do Advogado*, São Paulo, n° 59, p. 84, junho/2000.

ZANON, Artemio. *Assistência Judiciária Gratuita:* Comentários à Lei da Assistência Judiciária e Direito Comparado. São Paulo: Saraiva, 1985.

ZUCKERMAN, Adrian A.S. *Reforma dos Sistemas Judiciários Civis*: tendências nos países industrializados. Nota publicada pelo Banco Mundial PREM, Setor Público, Economia do desenvolvimento e rede de redução da pobreza e gestão econômica, n.46, outubro 2000 (Membro da Universidade de Direito, *University College*, Universidade de Oxford).